TRÁFICO DE ARMAS EN MÉXICO

TRÁFICO DE ARMAS EN MÉXICO

Corrupción, armamentismo y cultura de la violencia

MAGDA COSS NOGUEDA

Prólogo de
LEONARDO CURZIO

Epílogo de
JORGE CHABAT

Grijalbo

Tráfico de armas en México
Corrupción, armamentismo y cultura de la violencia

Primera edición: abril, 2011

www.rhmx.com.mx

Comentarios sobre la edición y el contenido de este libro a:
megustaleer@rhmx.com.mx

ISBN 978-607-310-412-8

Impreso en México / *Printed in Mexico*

ÍNDICE

Las armas en sí no causan las guerras. Pero un exceso de armas alimenta la sospecha y la falta de confianza que pueden elevar las tensiones y conducir al conflicto violento.

KOFI ANNAN

AGRADECIMIENTOS

Al inicio de esta investigación, una de las sorpresas más gratas fue la generosidad con la que especialistas, académicos, luchadores sociales y periodistas compartieron sus hallazgos, sus impresiones, su experiencia y su conocimiento.

En la construcción de esta recopilación de reportajes y estudios sobre armas de fuego fueron muy valiosas muchas aportaciones, pero quiero agradecer principalmente a quienes a través de entrevistas personales enriquecieron la perspectiva de este libro: Arturo Arango Durán, Martín Barrón Cruz, Carlos Alberto Cruz Santiago, Jorge Alejandro Medellín, Juan Martín Pérez García, Octavio Campos Ortiz y Luis de la Barreda Solórzano.

Agradezco también por sus lecturas, comentarios y las anécdotas que me regalaron a Jaime Hudson Treppiedi, Carlos González Nogueda, Martin Appiolaza, Miguel Ángel González Muñoz, Óscar Ramírez Maldonado, Francesco Pipitone, Adrián González Torres, y especialmente a Emiliano Crespo, por su apoyo constante desde que este texto era sólo una idea, pero, sobre todo, por las mil historias y por las consecuencias.

Finalmente, a Edgar Krauss, mi editor, le agradezco la confianza y el entusiasmo para emprender juntos este proyecto.

Ciudad de México, noviembre de 2010

PRÓLOGO

El libro de Magda Coss nos ubica en el corazón de una problemática insoslayable para el México de hoy: el tráfico de armas. No es uno de esos libros escritos con el propósito de encapsular un tema complejo en un esquema rudimentario y falaz. Tampoco es uno de esos textos, propios de nuestros tiempos, en los que se busca una notoriedad mediática de rebote, una visibilidad efímera, pasajera, que en otros tiempos disfrutaban los semanarios y hoy se ha trasladado a los libros. En este caso, sin embargo, nos encontramos ante un libro que formula preguntas pertinentes y aporta respuestas documentadas y coherentes. Aborda con rigor y una prosa fresca un tema que por diversas razones (que van desde la inercia interpretativa hasta el victimismo más simplón) se tiende a presentar como un fenómeno reciente y lineal. Las páginas de este libro nos aclaran que no es ni una cosa ni la otra; es un problema añejo y poliédrico.

Es muy frecuente encontrar en análisis periodísticos una lectura crítica del apego que los norteamericanos tienen por las armas y la influencia que algunos grupos de presión (como la NRA) ejercen sobre congresistas y gobernantes en aquel país. Es verdad —¿cómo negarlo?—

que las 2000 armas que diariamente ingresan clandestinamente a nuestro país provienen fundamentalmente de la Unión Americana. Es escandaloso comprobar que las siniestras ferias de armamento en las que se exhiben artilugios de guerra se celebren precisamente en una zona fronteriza. Una franja en la cual los niveles de violencia superan cualquier umbral tolerable. Allí está Ciudad Juárez como un emblema del fracaso de una gestión fronteriza, incapaz de generar niveles mínimos de gobernabilidad. No existe espacio para la complacencia y mucho menos para eximir a nuestros vecinos de esa glorificación del mercado libre de las armas. No es injusto ni mezquino hacer notar en los ámbitos periodístico, político y diplomático que detrás del libertinaje para comprar y vender armas en Estados Unidos de América se esconde una profunda hipocresía, que permite a los responsables esquivar la carga moral que sobre sus hombros pesa por el número de asesinatos y los niveles de violencia que se registran en México.

La autora sugiere que son alrededor de 2000 las armas de fuego que diariamente ingresan a territorio nacional y nueve de cada 10 tienen su origen precisamente en los Estados Unidos. La autoridad mexicana (incapaz de controlar la frontera por debilidades ancestrales) considera que los grandes importadores de este material son las organizaciones criminales que día a día desafían al Estado y a la sociedad con su violencia criminal. Son armas de todo tipo, desde pistolas tradicionales hasta las escuadras llamadas con el siniestro nombre de "matapolicías". Cerca de 10000 armerías se ubican en la zona fronteriza. Existe evidencia de que los vendedores de armas legalmente constituidos incurren en prácticas tan deleznables como alterar los registros para ocultar la verdadera identidad de los compradores. La autora explica que son solamente siete estados de la Unión Americana los que tienen mecanismos creíbles para obligar a todos los vendedores (en las ferias de armas) a acreditar los antecedentes de los compradores. La laxitud de los vecinos para regular el comercio de las armas combinada con la debilidad estructural del Estado mexicano, que en dos siglos de vida independiente no ha podido establecer controles aduanales medianamente eficaces para contener el contrabando de armas, da como resultado el desolador panorama que constatamos en algunas regiones del país. No sólo es la incapacidad del Estado para edificar instituciones y desarrollar capacidades; el contrabando de armas se explica también por la corrupción y por la intimidación que son, como es sabido, las grandes fortalezas de las organizaciones criminales.

El problema adquiere dimensiones trágicas cuando las armas circulan por los canales ilegales en toda la geografía nacional y se convierten en aterradoras prótesis de grupos sociales que (por diversas razones) no han experimentado más que violencia y vejaciones. Páginas duras son aquellas que la autora consagra al problema de las pandillas y la fantasmagórica cultura de la violencia que procesan en su interior. Son muy numerosas las pandillas que han dejado atrás los palos y las armas blancas, las navajas y los chacos para ingresar a la galaxia de las armas de fuego. Ése es el lugar de donde nunca se vuelve. Cuando un joven mata o muere —para el caso es lo mismo— a los 15 años por un arma de fuego, los mecanismos elementales de alarma en cualquier sociedad civilizada deberían activarse con desmesurada indignación. Lamentablemente nos hemos acostumbrado a que el perfil sociodemográfico de la violencia tenga un rostro juvenil y preponderantemente masculino.

No es infrecuente que un segmento de la sociedad mexicana eluda, tal vez por un salvífico escapismo, el carácter estructural de algunos de sus problemas y prefiera instalarse en la comodidad de explicaciones coyunturales como aquellas que sugieren que el problema de violencia, que hoy experimentamos, se debe a la estrategia de un gobierno. El libro de Magda nos impide instalarnos en la comodidad declarativa o el tranquilizador efecto de trasladar responsabilidades al enemigo político. Los datos que ofrece nos confrontan con realidades lacerantes, como aquella que establece que 22 por ciento de los y las estudiantes del Distrito Federal han sido víctimas de robo, agresión o violencia dentro o en los alrededores de los establecimientos educativos que frecuentan. Detrás de esas formas de violencia (que algunos tienden a minimizar) se esconden patologías individuales y colectivas que a la larga se transforman en monstruosas organizaciones en las que el culto por las armas y el desprecio por la vida son parte esencial de su existencia.

Pero no sólo la decadencia urbana explica los niveles de violencia en nuestro país. No es extraño, recuerda la autora, que en las fiestas de pueblos y barrios, los celos y las miradas indiscretas (o tal vez incluso algún baile con intolerable cercanía) termine con algún plomazo. Es una violencia anecdótica y tradicional en estados como Guerrero. Particularmente valioso resulta el esfuerzo de la autora por ubicar en una perspectiva histórica ese culto por las armas ya recogido por cineastas como Buñuel o por escritores como Max Aub, a quien debemos *Los crímenes ejemplares*. Es especialmente importante recordar que en el México posrevolucionario era frecuente que la clase política mostrara su carácter zafio y arribista con la portación de armas. En el México de los años cuarenta políticos y diputados (dice la autora) no sólo portaban pistola en la cintura para enseñar poder, también la exhibían en las sesiones ordinarias del Congreso.

No es cosa menor el incidente que presenció Pablo Neruda con motivo de un debate entre Rivera y Siqueiros. Una vez agotados los argumentos, los dos furibundos genios sacaron a relucir tremendos pistolones. El aterrado "poeta del amor" constataba que en México no sólo los pintores portaban armas, sino que el culto al revólver, el fetichismo por la 45 (que tiene algo de fálico y algo de cobardón) eran un rasgo muy difundido. México, concluía Neruda, era más pistolista que pistolero.

La cultura de las armas impregnaba a prácticamente toda la elite dirigente. Incluso algún embajador protagonizó un episodio vergonzoso. Tal es el caso relatado por Mario Ojeda de Ramón P. Denegri a quien nombraron (en febrero de 1937) embajador de México ante la República española. La breve gestión de este personaje se vio envuelta en toda clase de escándalos que iban desde la humillación a los refugiados, hasta el hecho de que —en la ceremonia de presentación de sus cartas credenciales— apareció vestido de paisano (la ceremonia era de etiqueta), lo cual tenía poca importancia; lo escandaloso es que se presentó en Palacio Real acompañado "de dos matones vestidos de charros mexicanos y armados con pistolas".[1]

No estamos, en definitiva, ante un problema lineal que se resuelva solamente con una reorientación de la política, con un acuerdo diplomático o con un funcionamiento medianamente eficaz de las fronteras. Es un problema estructural y más vale que lo veamos así porque la violencia armada es una realidad que cada día se cobra vidas en nuestro país y que no admite una lectura dicotómica de los buenos y los malos, de los pacíficos y los violentos.

Frenar la violencia armada supone un esfuerzo multidisciplinario que va desde lo cultural a lo estrictamente policiaco pero, por encima de todo, pasa por una nueva cultura que jubile el folclore de las armas y la tolerancia con la cultura de la muerte, para dar paso a otra que condene la violencia como expresión de la masculinidad y de la mexicanidad. Son atavismos que debemos relegar al desván de los recuerdos para construir un México diferente. El libro de Magda es, a mi juicio, una estupenda manera de introducirse a esta polifacética problemática del tráfico de armas y la cultura de la violencia.

LEONARDO CURZIO

[1] Mario Ojeda Revah, *México y la guerra civil española*, Turner, Madrid, 2004, p. 128.

CAPÍTULO I

Ciento cincuenta dólares le cuesta a un turista, que jamás haya sostenido un arma, disparar 30 cartuchos en ráfaga con un rifle de asalto AK-47 o un M16 en las bases militares en Camboya, a tan sólo 20 minutos de distancia del centro de la capital, Phnom Penh. Ahí, los viajeros encontrarán a un militar que les entregará un "menú" con la descripción de las armas que pueden disparar y sus costos, y amablemente les ofrecerá, por una módica suma extra, cambiar el blanco metálico con la silueta humana dibujada, por un pollo o una vaca. Por ese mismo precio, en México, donde en grandes sectores de la población es normal la violencia para obtener reconocimiento social, poder o ganancias económicas, uno puede conseguir el arma, rentar una subametralladora automática a los Zetas, contratar a un ciudadano estadounidense para que compre una .45 nueva en una feria de armas en Estados Unidos o, incluso, acordar con un joven sicario un trabajo con el muerto incluido. Eso es lo que cuesta matar a un hombre. Como dicen, la vida no vale nada. Lo confirma el hecho de que cada día 38 mexicanos mueren violentamente.

En los últimos 30 años, no hay día en que las armas de fuego no sumen más muertes. Por lo menos tres cuartas partes de esas 38 muertes están claramente relacionadas con la creciente disponibilidad de armas en México.

Un arma de fuego es un instrumento portátil que tiene un cañón, el cual permite lanzar a distancia un proyectil mediante la acción de un explosivo. El objetivo de esta herramienta es neutralizar, lesionar o eliminar a una víctima u objetivo. Aunque justificadas de muchas maneras —como protección, para amedrentar, como objeto de colección, como recuerdo—, las armas de fuego fueron creadas para matar, y eso es lo que hacen.

Es un hecho que donde hay más rifles y pistolas, hay más muertes causadas por armas de fuego. Numerosos estudios de universidades estadounidenses y del sector salud internacional han concluido que las personas que viven en hogares donde hay armas corren más riesgo de ser víctimas de un disparo; además, investigaciones en las que se comparan las legislaciones de los países sobre armas de fuego señalan que aquellos donde hay menos restricciones con respecto al acceso y a la posesión de armas, como es el caso de Estados Unidos, presentan mayores niveles de violencia armada y de decesos por armas de fuego. Por ejemplo, de los países industrializados, Estados Unidos —donde las armas están permitidas por la Segunda Enmienda de su Constitución— es el que tiene mayor porcentaje de tenencia de armas entre sus ciudadanos; además, es el que tiene una tasa mayor de muertos y heridos por armas de fuego. Tan sólo en el año 2000 fueron asesinados con armas de fuego 10 000 norteamericanos y

48 000 más tuvieron lesiones por disparos.[1] Así, en ese país, donde se puede obtener un arma fácilmente, son más comunes los asesinatos con armas de fuego que en otros países con niveles similares de desarrollo, como Canadá, donde los homicidios con armas de fuego se redujeron en 15 por ciento tan sólo unos años después de que las leyes se volvieron más estrictas, en 1995.

En el mundo hay 875 millones de armas de fuego. Se calcula que su comercio autorizado representaba un mercado de 1.58 mil millones de dólares en 2006. Las transacciones de las transferencias ilegales de armas de fuego podrían ser de aproximadamente 100 millones de dólares durante ese mismo año.[2]

A nivel global, la violencia armada es un obstáculo importante para el desarrollo: más de 740 000 personas mueren cada año en el mundo como consecuencia de la violencia armada, de las cuales 490 000, es decir, la mayoría, mueren en zonas en las que no hay guerras ni conflictos políticos violentos.[3] También, anualmente cerca de 300 000 personas fallecen por lesiones intencionales o por accidentes en América Latina, siendo ésta la cuarta causa de muerte en esa región, donde además ocurren 48 por ciento de los homicidios violentos y 47 por ciento de los suicidios con armas de fuego en el mundo.

De acuerdo con la tendencia regional, en nuestro país la violencia y las agresiones con armas de fuego son un

[1] National Research Council, *Firearms and Violence: A Critical Review,* The National Academies Press, Washington, D. C., Estados Unidos, 2004.

[2] Small Arms Survey 2009, *Shadows of War,* Ginebra, Suiza, 2009.

[3] Secretariado de la Declaración de Ginebra, *La carga global de la violencia armada*, Ginebra, Suiza, 2008.

importante problema de convivencia social y de salud pública. Tan sólo en 2008 el índice de criminalidad fue de 10.9 asesinatos por cada 100 000 habitantes;[4] seis puntos por arriba de lo que internacionalmente se considera "normal". Sin embargo, para 2009 la incidencia de homicidios dolosos se incrementó a 14.72 por cada 100 000 habitantes. El índice de muertes con armas de fuego es de 5.11, lo cual coloca a México en el lugar número 14 a nivel mundial en homicidios por esta causa.[5]

Como suele suceder, si bien las estadísticas señalan la existencia de un problema, poco dejan sentir cuán cerca está de los mexicanos y qué pocas variables deben conjuntarse para que suceda una muerte al recibir una persona una bala de arma de fuego. Las historias personales de las víctimas generalmente se difunden poco, pero una vez que se conocen hacen pensar que en México las muertes provocadas por una bala suceden todos los días, a cualquiera. Y es éste el pensamiento que amenaza el derecho elemental a la seguridad que tenemos todos.

Las historias

Cinco impactos de un arma calibre .45 mataron a Rogelio Sánchez Corral de 27 años. Visitaba su tierra natal, Topia, Durango, después de varios años de que se alejó para dejar atrás las rencillas que cercaban a su familia. Vivía en Ciudad Juárez, que con 2 658 asesinatos en 2009 fue califi-

[4] Programa de las Naciones Unidas para el Desarrollo.

[5] International Action Network on Small Arms.

cada como la ciudad más peligrosa del mundo por el Consejo Ciudadano para la Seguridad Pública (CCSP). No obstante, fue en su municipio de origen, poblado con tan sólo 121 habitantes, donde Rogelio encontró la muerte.

Vecino de los Tepehuanes, se corrió el rumor de que pasaría unos días de vacaciones visitando a sus padres y a sus hermanos. Camerino Rodríguez Mendoza, de 31 años, era uno de los enemigos de los hermanos Sánchez Corral. Rogelio creyó que al cambiar de residencia las disputas se habían terminado, pero Camerino le había preparado una emboscada en el paraje El Tizonazo, uno de los centros de peregrinación religiosa más importantes de México y lugar del culto al Señor de los Guerreros. Al terminar un baile, el 6 de enero, Camerino se encontraba en estado de ebriedad, posiblemente para armarse de valor con el objeto de llevar a cabo sus planes. Esperó en el paraje donde debía pasar Rogelio. Al verlo, le disparó de frente, tomándolo por sorpresa y sin darle oportunidad de defenderse. Jorge, hermano de Rogelio, fue testigo del hecho. Las causas del antiguo rencor, quizá por desconocidas o por absurdas, no se especifican en las reseñas policiales. O quizá no hace falta expresarlas porque en México "viejas rencillas" son la causa más natural de muerte.[6]

Cuando en 2005 nuestro país se unió a la campaña mundial por el control de las armas de fuego, encabezada por tres famosas organizaciones internacionales de la sociedad civil: IANSA, Amnistía Internacional y Oxfam, en México había poco trabajo sobre el tema: nunca se había

[6] "Embosca y asesina a su añejo enemigo", *El Siglo de Durango*, 8 de enero de 2007.

realizado investigación sobre armas de fuego ni existían estadísticas públicas acerca del problema y, en general, no se tenía idea sobre cómo le afectaba a la sociedad mexicana la proliferación y el mal uso de las armas de fuego o sobre cuál era su vínculo con el ciudadano común. Después de la guerra contra el terrorismo emprendida desde Washington, la atención pública mundial se centraba en las armas de destrucción masiva, nucleares, de guerra, de asalto, militares e incluso en las que se multiplicaron como consecuencia del intercambio con el narcotráfico, pero pasaban inadvertidas las armas pequeñas y ligeras que causaban miles de muertes de civiles en zonas de paz aparente, en las cuales no se libraban luchas armadas internas.

En México, sin guerra convencional ni conflictos políticos armados de gran escala, se suman de manera vertiginosa las víctimas de la violencia con arma de fuego. Pero durante mucho tiempo, desde la sociedad civil, especialistas, académicos y activistas que trabajábamos en torno a asuntos de seguridad, no tomamos en cuenta la cuestión de las armas de fuego entre los principales objetivos de nuestro análisis, quizá porque las considerábamos simples herramientas y no detonantes relevantes de la violencia que iba volviéndose cada vez más evidente en nuestro país. Por un lado, pocas veces centrábamos la atención en las armas de fuego en sí mismas, y cuando lo hacíamos, generalmente enfocábamos sólo un aspecto del problema, como si únicamente fueran peligrosas las armas del ejército y del narcotráfico. Por otro lado, pistolas y revólveres aparecían cada vez con más frecuencia en las noticias situadas en contextos cotidianos, como en manos de un chico de 14 años de una secundaria del Distrito Federal o en el seno de algunas familias que celebraban en el carnaval de algún pueblo.

La violencia armada ganó terreno en los asuntos públicos y se hizo más visible en situaciones de la vida diaria. Se cambiaron las armas cortas por armas largas y los calibres aumentaron. Comenzó la guerra por territorios de los grupos del narcotráfico. La fuerza legítima del Estado se debilitó y por momentos parecía intimidarse ante el creciente arsenal de guerra del crimen organizado. Además, salió a la luz pública la corrupción de funcionarios y fuerzas de la ley, evidenciando los nexos con grupos criminales y el flujo de mercancías entre la legalidad y la ilegalidad; pero, sobre todo, se reveló la impunidad con la que ingresaban las armas a México y pasaban de mano en mano. Se volvieron más comunes las balaceras entre bandas de delincuentes, así como entre autoridades y malhechores.

Con historias sobre su gloria, sus embestidas heroicas, su impunidad y su enorme poder económico, creció la influencia de los líderes del crimen y de los principales capos sobre los habitantes de las regiones que controlaban. Así fue como este camino parecía ser el único posible para escapar de la situación de miseria de la mayoría, en un país donde tres cuartas partes de la población subsiste en pobreza extrema.

La violencia se vinculó con el poder y se volvió un referente: los niños comenzaron a dibujarse como narcotraficantes y a jugar a los sicarios. Sin otras expectativas, colectivamente, el uso de la pistola se afianzó como una forma de resolver los conflictos, de intimidar, de ejercer el poder del más fuerte, y de llevar la violencia intrafamiliar a su máxima expresión. De alguna manera, las armas de fuego dejaron de ocultarse.

La visibilidad de las pistolas en las noticias de los últimos años, en los crecientes decomisos que ha realizado el Ejército, en las balaceras entre bandos armados y en las detenciones de delincuentes de los principales grupos criminales, ayudó a fundamentar y a construir la percepción ciudadana de creciente inseguridad que tenemos los mexicanos, la cual se ha manifestado en las encuestas, por lo menos en los últimos 15 años. En el imaginario colectivo la violencia armada era indiscriminada y el temor de ser víctima de un hecho de violencia, que le había ocurrido a otra persona, en otra entidad o en otras circunstancias, se volvió real. La delincuencia y la criminalidad proliferaron en algunas ciudades del país donde se concentra la inseguridad más flagrante, pero todo el resto de la población de la República mexicana también tiene temor de convertirse eventualmente en parte de las estadísticas fatales.

En algunas regiones de la República se incrementó la violencia del crimen y la lucha por el control de los territorios dejó de ser un asunto exclusivo de los cárteles de la droga. Con un mayor número de muertos civiles, en muchas ocasiones niños y adolescentes, se descubrió la ausencia del Estado en lugares donde los gobiernos municipales han sido capturados por los capos del narcotráfico. La autoridad formal ya no es del Estado, sino del grupo criminal para el cual trabaja el gobierno local. Ésta es la situación en 982 plazas de México.[7]

Un ejemplo es Ciudad Juárez: mientras que la media nacional de homicidios dolosos es de 11.79 por cada 100 000 habitantes, en Juárez es de 101.[8] Aquí, como en otras ciudades, donde la inseguridad es muy grave, los ciudadanos no tienen certidumbre sobre su derecho de piso, su patrimonio ni su persona. La violencia de los ataques se recrudeció y agravó la amenaza a la población, a los medios de comunicación y a las instituciones democráticas.

Mientras la violencia relacionada con el narcotráfico creció en varias regiones del país, otras zonas permanecieron con tasas de inseguridad relativamente bajas. Incluso un estudio del Centro Woodrow Wilson, de Estados Unidos, pone énfasis en el hecho de que México "tiene índices de criminalidad parecidos, y en algunos casos menores, a algunos países vecinos".

La Ciudad de México es uno de los principales puntos donde se comercializan mercancías ilegales, drogas y armas; además, aquí se registran diariamente numerosos delitos del fuero común. Varios grupos de los más sonados del crimen organizado tienen amplia representación en el Distrito Federal, pero, paradójicamente, no se ha desplegado la presencia del ejército ni ocurren enfrenta-

[7] Edgardo Buscaglia [asesor de la Organización de las Naciones Unidas contrata el crimen organizado], "Ausencia de Estado en 982 zonas del país", *El Universal,* 27 de junio de 2010.

[8] Genaro García Luna, secretario de Seguridad Pública Federal, Comparecencia de ante la Primera Comisión de la Permanente, Palacio Legislativo de San Lázaro, 2010.

mientos armados entre cárteles como en otras ciudades del país, por ejemplo Monterrey o Ciudad Juárez donde se presentan enfrentamientos en las calles que han sumado incontables muertos, además de poner en tela de juicio la capacidad del Estado para proteger a los ciudadanos.

Justamente esos lugares donde se libra la guerra contra el narcotráfico: Ciudad Juárez, Monterrey, Reynosa, Culiacán y Tijuana,[9] han sido fundamentales en la construcción de la percepción sobre la inseguridad del resto de los mexicanos. Con imágenes de cuerpos ensangrentados, los medios de comunicación extrapolaron la sensación del miedo al narrar día a día, con lujo de detalles e imágenes, escenas del crimen organizado que, finalmente, nos presentaron la cara de la violencia armada frente a nuestros propios ojos. Los grandes titulares incluían la descripción del uso de granadas y armas largas. Desde entonces parece que todos estamos expuestos a recibir una ráfaga de un AK-47 y a que nuestros restos sean procesados por algún *Pozolero*. En forma paralela al miedo, creció la percepción ciudadana en torno a la impunidad de la que gozan los delincuentes y la ineficacia del Estado mexicano para contener la criminalidad y combatir a la delincuencia. La sensación de indefensión llevó a muchos ciudadanos a pensar que la protección de sus familias y de su patrimonio recaía en sus propias manos. Muchos hombres y mujeres decidieron conseguir un arma de fuego y con ella la ilusión de estar protegidos.

[9] Las ciudades más peligrosas según Prisma Consulting Latinoamérica.

¿Protección real o imaginaria?

Pero las estadísticas a menudo no son claras y así, mientras los mexicanos temen ser parte de las estadísticas de las ejecuciones y los ajustes de cuentas, las historias, mucho más probables, como la del adolescente que, jugando con una pistola de diábolos, mató a su primo, se perdían en las páginas de los diarios locales o se agazapaban como secretos familiares. Las historias de delitos en que el abuso o el desenlace fatal sólo habían sido posibles gracias a la existencia de un arma de fuego, documentadas únicamente en medios de comunicación locales o transmitidas en anécdotas de boca en boca, se pierden en las conversaciones cotidianas, pues incluso se consideraban "normales".

Hasta hace poco tiempo, el hecho de que miles de armas de fuego estuvieran en manos irresponsables y que fueran causantes de cientos de muertes e incontables lesiones cada semana, no nos había cruzado por la cabeza, o por lo menos no había llegado a las voces públicas y a las demandas ciudadanas. Las armas estaban más cerca de la gente pero nadie volteaba a ver a los heridos y a los muertos de las acciones cotidianas sin relación con el narcotráfico o con las salvajes ejecuciones, ni se percibían esas muertes como una consecuencia directa de la propagación de rifles y pistolas entre personas de todas las clases y ámbitos sociales. Todavía muy pocos consideran un problema las armas de fuego en manos de las personas comunes. Aún se tiene la percepción de que quienes poseen un arma sólo son policías, delincuentes, pandilleros, soldados, narcotraficantes o revolucionarios. Para el resto, las armas de fuego en las calles son un problema de seguridad nacional que no tiene que ver con la mayoría de los mexicanos.

La realidad demuestra que la presencia de las armas de fuego en la sociedad mexicana es muy democrática: cualquiera puede tenerlas. De hecho, es sorprendente descubrir que personas que uno jamás imaginaría las portan consigo. Las armas tienen muy diversos significados para la gente: pueden ser un artículo de lujo, pero también pueden representar la garantía de la sobrevivencia. Y como pasa en la mayoría de las familias mexicanas, hasta puede ser una tradición. Sin importar niveles socioeconómicos o ideologías, todos los mexicanos conocen, en el mejor de los escenarios, algún pariente que guarde entre sus curiosidades familiares al menos un arma de los tiempos de la Revolución que le heredó su abuelo. Pero en el peor de los casos saben de alguien que tiene un revólver en un buró, el cual pone en riesgo a las familias de enfrentarse a pesadillas como una depresión que deriva en suicidio, o conocen casos de adolescentes que presumen el arma de su padre a los amigos y disparan accidentalmente. O han escuchado de las discusiones familiares que suben de tono, de los asaltantes que se pusieron nerviosos y se convirtieron en homicidas, de las borracheras que terminaron en sangre, o de las balas perdidas de año nuevo, etcétera. Sin contar a la gente que verdaderamente vive de las armas y se mantiene viva gracias a ellas.

Aun quienes conocen el riesgo que representa poseer

un arma —que son una minoría—, por la percepción de inseguridad pública, real o ficticia, que existe en el país, optan por tener una en casa para su defensa. ¿Pero en qué forma se compensan los riesgos de adquirir una pistola para protección personal cuando la probabilidad de ser víctima de homicidio por arma de fuego se triplica para los que guardan una pistola o un rifle en sus domicilios? ¿Qué reciben a cambio cuando se conoce que la probabilidad de morir es 12 veces mayor ante una agresión con arma de fuego que ante cualquier otra arma?[10] Muchos no los toman en cuenta al adquirir una pistola, pero hay peligros que salen a la luz en las escasas estadísticas de salud pública que existen sobre el tema: en los adolescentes que viven en hogares donde hay un arma, aumenta 16 veces la posibilidad de que se cometa un suicidio; de los jóvenes que terminaron con sus vidas con una pistola, 82 por ciento consiguieron el arma en sus hogares, en general propiedad de los padres.[11] Además, es 43 veces más probable que el dueño del arma mate a alguien conocido por la familia, que a un extraño, en defensa propia.[12] Aunque en las muertes violentas en los hogares intervienen otros factores, como la violencia intrafamiliar o el uso de drogas, las armas de fuego en los domicilios particulares incrementan las posibilidades de muerte.

[10] International Action Network on Small Arms.

[11] The National Violent Injury Statistics System, *Youth Suicid: Findings from a Pilot for the National Violent Death Reporting System,* Boston, Harvard Injury Control Research Center, Harvard School of Public Health, 2009. http://www.sprc.org/library/YouthSuicideFactSheet.pdf.

[12] A. L. Kellermann, "Protection or Peril? An Analysis of Firearm-related Deaths in the Home", *New England Journal of Medicine,* 1986.

Los resultados del uso de armas de fuego contra las personas pueden ser: muerte, lesiones, discapacidad, daños psicológicos, trastornos del desarrollo o privaciones. Aun en los casos en que se logró detener a un atacante, persisten las secuelas psicológicas del empleo de la violencia contra otro ser humano. Eso, sin contar las pocas probabilidades de que una persona común, sin entrenamiento formal y constante, se convierta en el protagonista armado de un desenlace feliz.

Algunas voces afirman lo contrario, como el poderosísimo *lobbying* a favor de las armas de fuego de Estados Unidos, encabezado por la National Rifle Association, que sostiene que en los estados de la Unión Americana donde hay más armas en los hogares los delincuentes tienen menos propensión a asaltarlos. Si bien es cierto que algunas estadísticas demuestran que en sociedades en que la población civil está armada en mayor proporción los delincuentes lo piensan más para atacarlos, también es verdad que en esos países existen sistemas de impartición de justicia efectivos donde funciona el Estado de derecho. En muchos lugares el resultado de la proliferación de armas de fuego ha sido la ley de la selva. Ante eso, surge la pregunta: ¿armar a la ciudadanía es la clave para frenar la delincuencia? Mil historias de armas de fuego con consecuencias trágicas demuestran lo contrario.

Incluso en los países donde prevalecen otros tipos de violencia llevada a cabo con cuchillos o armas blancas, la proliferación de armas de fuego acarrea muertes, aunque esa relación no se establezca a primera vista ni sea el tipo de violencia más evidente. Por ejemplo, en algunas naciones del continente africano, donde persisten pugnas entre distintas tribus y numerosas guerras civiles, las ejecuciones se realizan, en su mayoría, con machetes, pero los enemigos toman grandes grupos como prisioneros, sometiéndolos con ráfagas de AK-47, armas accesibles para la guerrilla porque los integrantes de las milicias podían conseguirlas sólo con contestar un formulario.

El impacto de las armas en la vida de las personas puede ser irrevocable. El poder letal y la peligrosidad de las armas de fuego radica en que potencia el poder físico de cualquier persona, sin importar su constitución o su fuerza física. Aun en manos de los niños, con o sin entrenamiento, las armas pueden matar a alguien. El arma de fuego, a diferencia de las armas blancas, puede herir a distancia, más rápido y de manera más contundente. Incluso en los casos en que las heridas de bala no son de muerte, las lesiones causadas son más graves y dejan mayores secuelas que las provocadas por otro tipo de instrumento.

A nivel social, el empleo de la violencia armada genera una percepción de inseguridad y miedo, lo que deriva en el deterioro del tejido social y en la pérdida de la productividad, socava la inversión en desarrollo y cuesta una enorme suma a la sociedad en su conjunto, ya sea por el gasto público para combatir la inseguridad o por el costo de la seguridad privada y de los equipos de resguardo. Se calcula que los empresarios de la Ciudad de México gastaron alrededor de 3600 millones de pesos tan sólo en 2009 (18 por ciento de la inversión) en vigilancia, protección privada y atención médica a las víctimas de armas de fuego, quienes a menudo se convierten en discapacitados de por vida.[13]

Los resultados de la propagación de armas de fuego en México son tangibles: muertos y heridos; el miedo y la sospecha. Por tanto, es imposible no suponer que hay armas. Datos de aquí y de allá sobre inseguridad, aduanas, accidentes, centros penitenciarios, demuestran que hay muchas más armas de fuego de las que oficialmente se reconocen y que el dato sobre los registros legales posiblemente no sea tan irrefutable como debiera ser. El registro oficial está a cargo de la Secretaría de la Defensa Nacional (Sedena), la instancia responsable de la aplicación de la Ley Federal de Armas de Fuego y Explosivos y, por tanto, la que debiera saber sin dudas cuántas armas hay en el país, mismas que por reglamento debieran estar inscritas en el Registro Federal de Armas de Fuego y Explosivos. Pero históricamente la Sedena ha sido una institución muy hermética, a la que sólo un pequeño sector de la población tiene acceso y entiende sus códigos y sus procedimientos. La mayoría de la gente teme que al intentar registrar legalmente un arma le sea decomisada. Muchos otros no saben si su arma califica entre las permitidas por la ley o temen proporcionar sus datos personales. Eso, sin contar que todos consideran que será un trámite complicado y engorroso. El hermetismo militar de la Sedena y la visión unilateral y poco social con la que contabiliza las armas dificulta el acceso a los mexicanos que quieren comprar una pistola o un rifle o registrar los que ya tie-

[13] Ricardo Rivera, "Gasta IP 18% en seguridad", *Reforma,* 27 de febrero de 2010.

nen, y ha dejado todo el rigor del registro a la buena intención de los ciudadanos. Los únicos esfuerzos de la dependencia federal por acercarse a la ciudadanía han sido a través de campañas de entrega voluntaria de armas a cambio de despensas, computadoras o dinero. Ante la garantía del anonimato, algunos pueden llevar o no su arma, pero ninguna fuente oficial se ha ocupado de preguntarle directamente a los mexicanos si tienen armas donde viven, sin la amenaza de decomisarlas.

En los censos de población y vivienda aplicados por el Instituto Nacional de Estadística y Geografía (INEGI) se pregunta si hay computadora, automóvil o reproductor de video, pero no si se posee un arma. Sobre cuántas armas de fuego circulan en México, todo el trabajo se le ha dejado a la Sedena, pero apenas en 2001 el Informe de Resultados de la Revisión y Fiscalización Superior de la Cuenta Pública, presentada por la Auditoría Superior de la Federación (ASF), evidenció las limitaciones y las deficiencias del Registro Nacional de Armas de Fuego y Explosivos para llevar una contabilidad efectiva de la cantidad de armas legales que había en ese momento en el país. La ASF detectó diferencias en los métodos de captura de las bases de datos que impedían compararlas entre sí, ausencia de datos precisos sobre las armas, registros incompletos, duplicidad de captura, entre otras fallas. No obstante, en 2002 la Dirección General del Registro Federal de Armas de Fuego y Control de Explosivos, dependiente de la Sedena, reportó a la ASF que desde que entró en vigor la Ley Federal de Armas de Fuego y Explosivos en 1972 y hasta diciembre de 2001, había 2 121 384 armas de fuego registradas legalmente. Durante el mismo lapso se otorgaron 5443547 de licencias para portarlas.[14]

En ese tiempo, el secretario de la Defensa Nacional, general Gerardo Clemente Ricardo Vega García, durante la decimonovena reunión del Consejo Nacional de Seguridad Pública (CNSP), realizada el 22 de agosto de 2005, reconoció que existía un escaso control sobre el armamento utilizado y asegurado en las corporaciones policiales de estados y municipios, ya que se encontraron pertrechos que no constaban en los registros de adquisición de la Sedena, que en muchos casos eran armas de mayor alcance, como rifles de asalto AK-47, AR-15 o M16. Además, según el secretario, durante las revisiones que de manera frecuente realizaba la Sedena a las corporaciones policiales de los estados faltaba armamento registrado.

Mientras tanto, en este contexto de incertidumbre sobre cuántas armas legales hay en territorio mexicano, el tráfico de armas en México se ha convertido en el segundo delito en importancia del crimen organizado, por debajo del tráfico de drogas. Tan sólo en el 2009, el 26 por ciento de las personas consignadas ante los juzgados por delitos del orden federal estaban acusadas de violar la Ley Federal de Armas de Fuego y Explosivos. Esta mayor disposición de armas de grueso calibre es nutrida por la carrera armamentista de los grupos del crimen organizado para enfrentarse entre sí; porque las amplias ganancias del negocio de la droga no siempre logran cobrarse en efectivo, pero principalmente porque el negocio de las armas

[14] Auditoría Superior de la Federación (ASF), Revisión y Fiscalización Superior de la Cuenta Pública, 2001.

mueve millones de dólares. Todo esto, junto con la corrupción de las autoridades y las aduanas, ha aumentado el flujo de armas ilegales a un mercado negro que permea en todos los segmentos de la sociedad, desde los grandes cárteles de la droga y los sicarios, hasta los delincuentes comunes, los comerciantes piratas y los ciudadanos corrientes, a quienes les parece fácil armarse en la ilegalidad con la intención de proteger a sus familias y su patrimonio. Lo cierto —según la consabida explicación de que las drogas van al norte y las armas y los dólares al sur— es que en el camino las armas del crimen organizado llegan a manos de ciudadanos honestos, y las de los ciudadanos, no siempre legales en origen, alimentan el mercado negro, y juntas tienen un destino común: muchas muertes.

El gran número de decesos que resulta de la epidemia de armas de fuego en la sociedad mexicana es el objeto de este libro.

¿Qué cantidad de muertes es excesiva?

La muerte de alguien cercano, o presenciar la muerte de una persona, quienquiera que sea, puede ser uno de los eventos más impactantes que un ser humano podría experimentar. Cobrar conciencia de la fragilidad de la vida, propia y ajena, puede transformar el orden de ideas, porque la muerte pone en crisis los principios sobre los cuales se asienta la vida. El sufrimiento emocional por una pérdida grande puede volverse incluso físico. Un dolor al respirar. Durante el duelo que surge tras la pérdida, ese trance de confusión y de emociones profundas, pueden experimentarse náuseas, temblores, pesadillas, insomnio, falta de atención, ira, culpa e incapacidad para relacionarse socialmente o para salir a trabajar. La muerte de alguien puede ser discapacitante para muchos más. El duelo puede durar incluso años. Los especialistas aseguran que hay muertes que pueden aceptarse aunque no se superan ni con el tiempo; por ejemplo, la de los hijos.

La muerte, que a veces se piensa como un proceso natural cuando se ve desde lejos —personas que fallecen todos los días por miles de causas—, no es lógica, sino trágica, absurda e intolerable, cuando aparece en nuestro núcleo familiar. Incluso es violenta, como señalaba Simone de Beauvoir, porque “todos los hombres son mortales: pero para todos los hombres la muerte es un accidente y, aun si la conocen y la aceptan, es una violencia indebida”.[15] Todavía más brutales parecen las muertes cuando dejan inconclusas abruptamente las vidas de jóvenes sanos y productivos, e incluso de niños, como ocurre generalmente con los decesos que cobra la violencia armada.

La Cruz Roja Internacional fue el primer organismo mundial que en 1996 se refirió a las armas de fuego como un problema de salud pública por ser “perjudiciales y tener consecuencias negativas en la salud de las personas”. También fue el primer organismo en señalar que los profesionales de la salud habían tardado en reconocer estas consecuencias negativas de las armas sobre la salud de

[15] Simone de Beauvoir, *Una muerte muy dulce*, Sudamericana, Buenos Aires, 1965.

civiles, principalmente, dado que el mayor número de víctimas de armas de fuego se encontraban en países donde no había guerras ni conflictos armados. A partir de entonces, la Organización Mundial de la Salud (OMS) abordó la violencia armada —producida entre individuos, en familias y en comunidades, y diferenciada de otros tipos de violencia armada, como los conflictos sociales— y reparó en que hay armas de fuego y víctimas de su uso en cualquier punto del planeta, haya guerra o no. Enfocó el problema desde una perspectiva global, dejando claro que la población de cualquier país está expuesta a morir o a ser lesionada por un disparo. La frecuencia con que se presentan estos acontecimientos, así como los patrones predecibles bajo los cuales se manifiesta la violencia armada, le dieron el carácter de epidemia, y como tal se estudió, y se comprobó que las armas de fuego son un agente externo al ser humano que amenaza su vida, su salud y su integridad física, y que conlleva riesgos y factores que pueden ser prevenibles.

Las tasas de mortalidad en la epidemiología se utilizan para definir el impacto de agentes externos sobre la vida humana, incluidas las guerras y los conflictos sociales. El término *muerte excesiva* se refiere a la diferencia entre la tasa de mortalidad estándar esperada y la que ocurre en una sociedad en un determinado tipo de crisis, en este caso la violencia armada, incluidas las muertes directas e indirectas que resultan de la proliferación de armas en nuestro país.

La tasa de mortalidad vinculada a la violencia asciende rápidamente después de la adolescencia como consecuencia de la gran cantidad de accidentes fatales, homicidios y suicidios que se presentan entre la población de 15 a 24 años. Vidas de jóvenes sanos y productivos quedan truncas o se pierden anticipadamente por la violencia. Gran parte de estas defunciones violentas son provocadas con armas de fuego. Casi la mitad de las víctimas de armas de fuego tiene entre 15 y 29 años de edad.

La principal consecuencia de las armas de fuego son las miles de muertes prematuras, que deben considerarse excesivas, puesto que ocurren en forma frecuentemente absurda y aparentemente gratuita. Las causas escapan al entendimiento, aunque siempre hay alguna que motiva la violencia.

En las sociedades en que la violencia se generaliza, los afectados ya no son únicamente las víctimas directas o sus familiares. Afectan, fundamentalmente, las muertes de niños y jóvenes porque rompen relaciones personales, familias y el tejido social de las comunidades. Con frecuencia dejan viudas, también jóvenes, y huérfanos. El impacto de la pérdida es físico, pero también económico, psicológico y social. Un tipo de violencia generalmente acarrea otros tipos de violencia. Por ejemplo, en Ciudad Juárez, la presidenta del Colegio de Psicólogos del Distrito Bravos, Martha Margarita Pérez, señaló las consecuencias que ha tenido en la comunidad la violencia generada por el narcotráfico y la movilización policiaca: "La salud mental de la población de esta ciudad se ha deteriorado bastante, ya que la neurosis que teníamos normalmente pasó a ser un problema de psicosis, incluida la depresión. Esta situación ha ido en aumento porque antes sólo algunas personas eran las afectadas directamente por la violencia, pero ahorita toda la comunidad está perturbada y sufre ese trastorno [alteraciones severas del sueño]".[16]

De nueve de cada 10 defunciones por armas de fuego, los muertos son hombres. En México, en Latinoamérica y en muchos otros países, la masculinidad está asociada al uso de las armas y a la violencia. Incluso en algunas culturas, cuando los adolescentes se convierten en "hombres", se les regala un arma de fuego. En otras, la hombría, la trascendencia de la estirpe, e incluso el valor de la persona, son exaltados mediante el uso de un arma. También hay comunidades en las que se equipara el nacimiento de un bebé varón con la adhesión de un arma a su bando, aunque se viva en un lugar sin conflictos bélicos. Hay quienes piensan que un hombre no vale si no es capaz de defender a su familia, y, por tanto, necesita un arma de fuego para cumplir con ese destino; pero, como señala el asesor en desarme Henri Myrttinen, la ironía del "hombre armado como defensor de los débiles e impotentes es que frecuentemente a esas mujeres y a esos menores es más probable que los mate el protector de la familia con su arma, que un intruso".[17]

El ideal masculino asociado al uso de armas y la mayor participación varonil en actos de violencia que ha predominado en la cultura occidental ha tenido como resultado que más hombres armados se maten entre sí. El 90 por

[16] Salvador Castro, "'Vuelve locos' a los juarenses la violencia del narcotráfico", en Nortedigital.mx, 21 de noviembre de 2010: http://www.nortedigital.mx/noticias/local/16873/.

[17] Henri Myrttinen, "Disarming Masculinities", *Disarmament Forum Women, Men, Peace and Security,* núm. 4, pp. 37-46, 2003.

ciento de las víctimas de la violencia armada son hombres porque las armas de fuego tienen un papel importante en su forma de ver y resolver la vida, sobre todo cuando son jóvenes, lo que se refleja en el hecho de que 75 por ciento de los homicidios en que la víctima es del género masculino sean cometidos con armas de fuego. Así, a los 27 años es 20 veces mayor la probabilidad de que un hombre muera por arma de fuego que una mujer de la misma edad.[18]

Las mujeres, aunque de manera indirecta, también son víctimas de la violencia armada. La violencia que más afecta a las mujeres ocurre en sus propios hogares, cuando son casadas o viven en pareja; por esa razón, cuando se guarda un arma en casa, la mujer tiene tres veces más probabilidades que su pareja masculina de morir por esta causa.

En años recientes se registró un incremento de muertes de mujeres por armas de fuego. Por un lado, en los dos últimos años han aumentado las víctimas femeninas de violencia armada en el grupo de menores de 16 años, principalmente a causa de la violencia que viven en sus casas. Por otro lado, en general se registraron más casos de mujeres de todas las edades que sufren la violencia armada, ya sea por ser víctimas casuales de la inseguridad o por tener relaciones de parentesco o sentimentales con integrantes del crimen organizado. Asimismo, también aumentó la participación directa de mujeres y niñas en pandillas, en actividades delictivas, en narcotráfico o en ac-

[18] Arturo Arango, especialista en seguridad, en entrevista con la autora.

GRÁFICA I.1. *Víctimas de homicidios relacionados con el narcotráfico, 2008 y 2009, por género.*

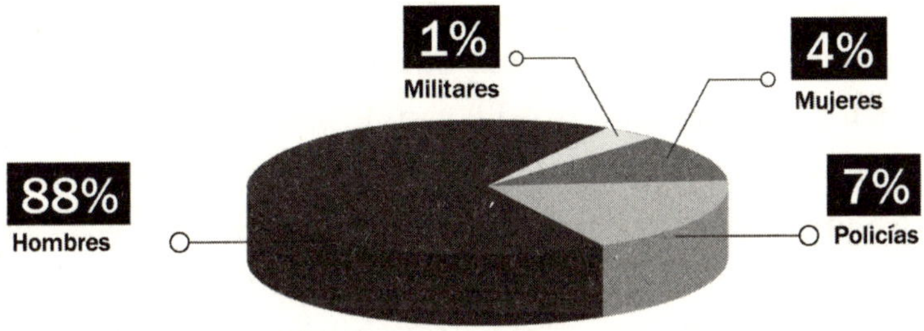

ciones cercanas a la violencia armada, pero también en el seno de las fuerzas del orden o en los cargos públicos que las exponen a ser blancos o cómplices del crimen organizado. Incluso, algunas investigaciones y encuestas hacen hincapié no sólo en esta mayor presencia de las mujeres, sino en el hecho de que algunas llevan a cabo conductas cada vez más sanguinarias que tradicionalmente no se adjudicaban al género femenino.

No obstante, los registros demuestran que las mujeres en conjunto siguen presentando menos conductas delictivas y que siguen siendo hombres la mayoría de los muertos.

¿CÓMO LLEGAMOS A ESTA SITUACIÓN?

Las muertes causadas por rifles y pistolas en México no son nuevas. Según estudios sobre la criminalidad de la década de los sesenta, se cometía un homicidio cada hora con 29 minutos, en tanto que cada 40 minutos siete segundos ocurría un delito de lesiones. No sólo ha aumentado el número de homicidios en los últimos 50 años en México, sino también la proporción de los homicidios cometidos con armas de fuego: en 1960 había 34923000 mexicanos; de 5769 homicidios ocurridos en el país y de las 13 058 personas que resultaron lesionadas durante ese año, en 26 por ciento de dichos delitos hubo armas de fuego involucradas. Sólo dos años después, en 1962, unas 1500 personas murieron en México al recibir el disparo de un arma de fuego, otras 3400 sufrieron lesiones y 260 más se suicidaron de un balazo.[19]

El panorama sobre inseguridad, muertes y lesiones violentas se agravó a partir de la crisis económica que atravesó México a mediados de los años noventa, cuando el gobierno de Ernesto Zedillo, a menos de un mes de haber asumido la presidencia, devaluó el peso en más de 15 por ciento. La crisis del Estado mexicano comenzó antes, con la incertidumbre política que despertaron los hechos violentos suscitados durante ese mismo año, como el levantamiento del Ejército Zapatista de Liberación Nacional (EZLN) en enero y, posteriormente, los asesinatos de Luis Donaldo Colosio, candidato presidencial del Partido Revolucionario Institucional (PRI), en marzo, y, tan sólo unos meses después, de José Francisco Ruiz Massieu, quien fuera secretario del Comité Ejecutivo Nacional del mismo partido. Todo lo anterior generó un clima de tensión y desconfianza, principalmente en los inversionistas extranjeros, quienes retiraron del país millones de dólares, lo

[19] Carlos Román Celis, *El pistolerismo, flagelo nacional*, Sociedad Mexicana de Geografía y Estadística, 29 pp., México, 1965.

cual constituyó uno más de los factores que agravaron la crisis.

La crisis económica y social terminó de degradar el nivel de vida de los mexicanos, ya de por sí afectados por la pobreza de carácter estructural que desde más atrás afecta a 60 por ciento de la población que no consigue empleos formales. A la incapacidad del gobierno para implementar estrategias de combate a la pobreza y una tasa de desempleo calificada de histórica en 1995, se sumó un incremento desmedido de los índices delictivos como consecuencia de la crisis. De 1980 a 1994, en el país los delitos del fuero común crecieron en 102 por ciento, y los del fuero federal en 286 por ciento. Los delitos que más se presentaban eran robo con violencia, asaltos bancarios, homicidios, secuestros y lesiones.

Aunque hubo un descenso delictivo en comparación con 1994-1995, para 1997 la presencia de armas en los delitos y las agresiones había aumentado. En la Ciudad de México se cometían en promedio 5.3 asaltos con arma de fuego cada hora. Además se detectaron armas de fuego involucradas en 70 por ciento de los homicidios violentos.[20]

Para entonces, un conjunto de factores facilitaba el surgimiento y la expansión del crimen organizado: la incapacidad estatal para combatir la pobreza y generar opciones productivas a la población; la corrupción y el debilitamiento de las instituciones, tanto de las vinculadas a la aplicación de la justicia como de las encargadas de garan-

[20] Procuraduría General de Justicia del Distrito Federal.

tizar la seguridad pública; los vacíos legales; el amplio sector de población que vive de la economía informal, entre otras debilidades. Todo lo anterior permitió que los cárteles del narcotráfico mexicanos lograran ampliar sus operaciones y tener mayor capacidad de matar (más armamento, mayores calibres, más sicarios, mejores entrenamientos). Además, la mayor penetración en los círculos políticos y policiacos del país de los grupos delictivos incrementó su poder y su interés por controlar nuevos territorios.

Éste es el origen de una escalada de violencia sin precedentes. Más crímenes y más violentos: ejecuciones masivas, mutilaciones e incontables muertos son las evidencias de las disputas de los grandes grupos del crimen organizado por el control de territorios para operar 22 tipos de delitos como narcotráfico, secuestro, extorsión, trata de personas, piratería. A esta criminalidad de gran escala la complementa la delincuencia común, heredera de sus armas, vínculos y operaciones menores.

En 2004 se cometieron en México 11 810 065 delitos, en los cuales 40 por ciento el delincuente portaba un arma de fuego, mientras que en 31 por ciento de los casos la víctima fue agredida con un arma. Ello significa que en ese año 3 661 120 mexicanos fueron agredidos con un arma de fuego, lo que representa más de la población total de estados como Chihuahua, Oaxaca, Guerrero o Tamaulipas, que contaban con menos de tres millones y medio de habitantes cada uno durante ese año.[21]

[21] Instituto Ciudadano de Estudios sobre la Inseguridad, A. C. (ICESI), Encuesta Nacional sobre Inseguridad, ENSI-3, 2004.

En 2006, unas 10452 personas murieron por agresiones, de las que 6309 fallecieron por disparos de armas de fuego, intencionales o accidentales, mientras que 591 cometieron suicidios con este tipo de armas.[22] En el Distrito Federal se calculaba que 55 por ciento de los homicidios fueron cometidos con armas de fuego. Tan sólo un año después, en 2007, por lo menos en tres de cada 10 delitos el delincuente portaba un arma de fuego. Además, aumentó el número de ocasiones en que el delincuente utilizaba su arma para agredir a la víctima, pasando de 31 a 34 por ciento.[23]

Entre 2000 y 2007, con base en los datos de la Secretaría de Salud, se registró un total de 41765 homicidios por arma de fuego.[24]

La violencia relacionada con el narcotráfico dejó, en 2008, unos 5661 asesinatos, de acuerdo con cifras de la Procuraduría General de la Repúiblica, aunque reportes periodísticos consideran que las narcoejecuciones alcanzan las 6300 y la información más reciente que arrojó un reporte confidencial del Poder Ejecutivo entregado a los legisladores[25] señala que en ese año los asesinatos llegaron a 6844. La narcoviolencia se concentró en Baja California, Chihuahua, Sinaloa, Michoacán y Guerrero.

Para el primer semestre de 2009, las cifras de homicidios aumentaron 78 por ciento con respecto al mismo pe-

[22] Base de datos elaborada por Arturo Arango Durán y su equipo, con base en información del INEGI.

[23] Mario Arroyo Juárez, "Mortalidad por homicidios en México", *Cuadernos del ICESI 6,* ICESI.

[24] *Idem.*

[25] "Guerra antinarco suma 22700 asesinatos", *El Universal,* 14 de abril de 2010.

GRÁFICA I.2. *Presencia de armas de fuego en la comisión de los delitos.*

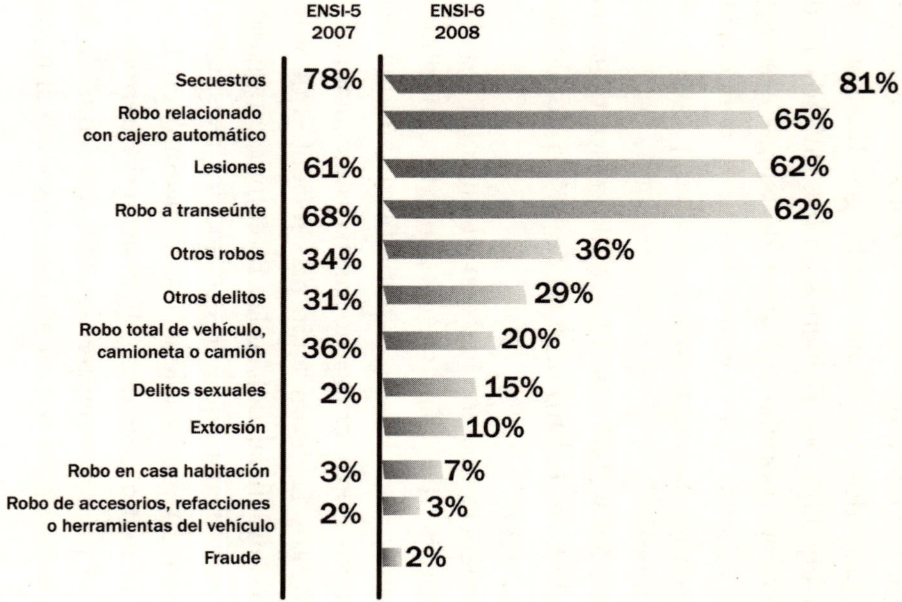

FUENTE: Mortalidad por homicidios en México, Cuadernos del ICESI 6.

riodo del año anterior, con una cifra de 24708 defunciones, lo que es igual a 137 muertes violentas cada día.[26]

Respecto a las muertes relacionadas con la droga, en el reporte citado con anterioridad, que se presentó a los legisladores en abril de 2010, se informó que de diciembre de 2006 a marzo de 2010 las muertes relacionadas con la violencia del crimen organizado y el narcotráfico sumaron 22700. Tan sólo en 2009 ocurrieron 9635 decesos, y en los primeros tres meses de 2010, unos 3365 asesinatos.

En agosto de 2010, durante el Diálogo por la Seguridad, Evaluación y Fortalecimiento emprendido por la Presidencia de la República, el Centro de Investigación y Seguridad Nacional señaló que durante la presente administración (2006-2012) habían ocurrido 28000 asesinatos y, en promedio, un enfrentamiento diario entre el crimen organizado y las fuerzas de seguridad del Estado.

Estas muertes, relacionadas con el crimen organizado, alcanzan poco más de la mitad de los decesos por agresión en el país de acuerdo con las cifras del INEGI.

El resto de las muertes por agresión —las que no tienen que ver con el tráfico de drogas ni con la delincuencia profesional— están fuera de la lupa de la atención pública. Se reparten en los diferentes estados, las causas son variadas y repetidamente son personales, más cerca del contexto de peleas intrafamiliares que de la delincuencia organizada. Quizá la causa más mencionada en estos fallecimientos sean viejas rencillas. De estos casos, aun-

[26] Rodolfo Montes, "Crece 78% número de homicidios en México", *Milenio Diario,* 9 de agosto de 2009.

MAPA I.1. *Homicidios relacionados con el narcotráfico en 2009, en Drug Violence in Mexico Transborder Institute.*

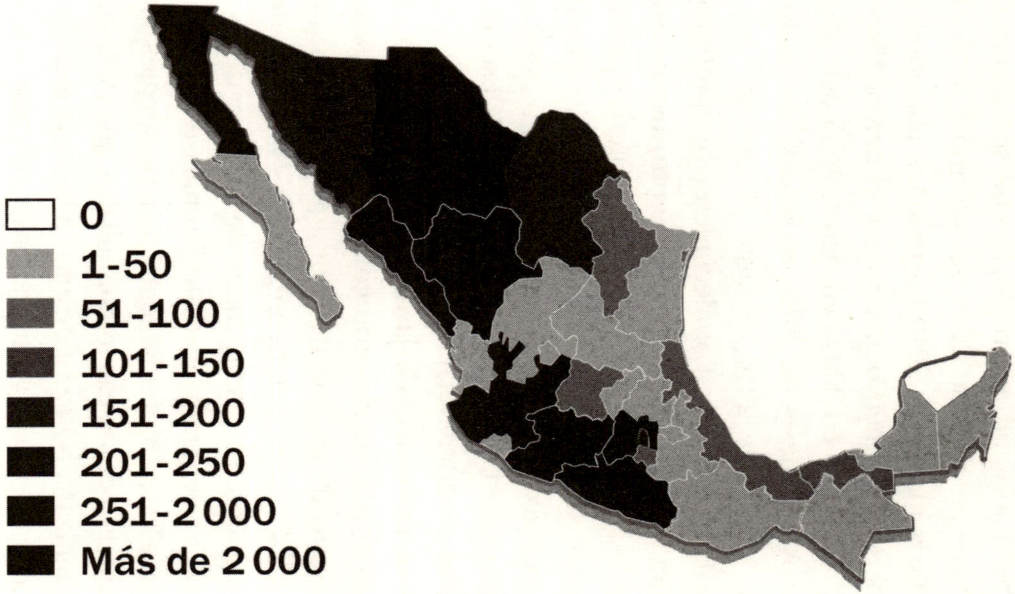

CUADRO I.1.

Año	*Homicidios*	*Homicidios dolosos*	*Narco-ejecuciones*	*Resto de los homicidios dolosos*	*Porcentaje de homicidios dolosos no vinculados con el narcotráfico*
2008	27 275	12 577	6 300	6 277	49.9

que en 2008 sumen 49.9 por ciento de los homicidios dolosos, se conoce poco.

Aunque no existe una estadística precisa, partiendo de que tan sólo en el Distrito Federal en promedio se cometen al año 650 homicidios, en 65 por ciento de los cuales hay presencia de armas de fuego,[27] podría considerarse que en ese año hubo un arma de fuego implicada en las muertes de 4 080 personas no vinculadas con el narcotráfico o el crimen organizado.

México ocupa el lugar número 14 a nivel mundial en homicidios cometidos con armas de fuego.[28] Colombia, Honduras, El Salvador, Sudáfrica, Brasil, Venezuela, Guatemala, Jamaica, Ecuador, Filipinas, Panamá, Paraguay y Haití anteceden a nuestro país. Estados Unidos es el número 17.

Con base en las Encuestas Nacionales sobre Inseguridad de 2007, de las víctimas de homicidio 87.6 por ciento fueron hombres y 12.4 por ciento mujeres. En general, en poco menos de 60 por ciento de los casos fueron utilizadas armas de fuego. No obstante, la diferencia entre los homicidios de hombres y de mujeres es significativa: mien-

[27] Secretaría de Seguridad Pública del Distrito Federal, febrero de 2009.
[28] International Action Network on Small Arms.

GRÁFICA I.3. *Tasas de homicidios con armas de fuego por país.*

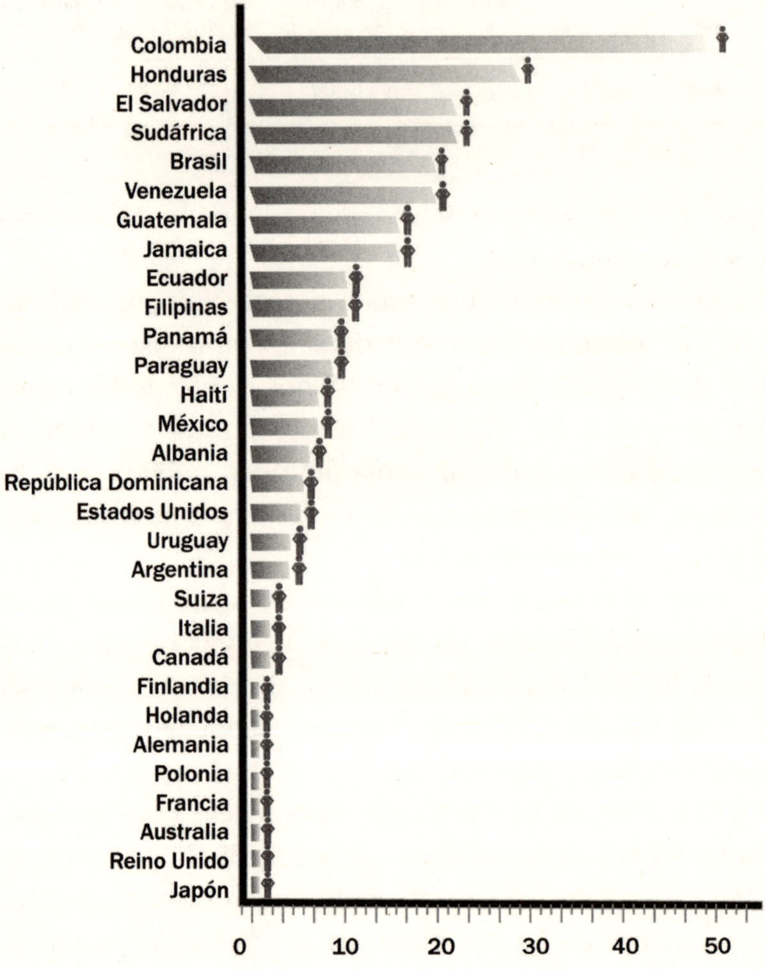

FUENTE: OMS, UNODC.

GRÁFICA I.4. *Mortalidad por homicidios en México, Cuadernos del* ICESI *6.*

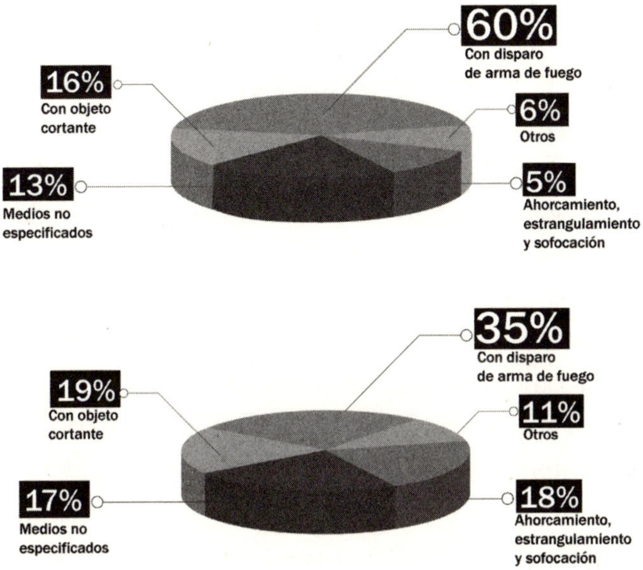

tras que se utilizaron armas de fuego en 60 por ciento de los asesinatos de hombres, en los de mujeres sólo se emplearon en 35 por ciento de los eventos.[29]

LA REALIDAD EN LOS DIARIOS

Las estadísticas, aunque dan un panorama general, quizá no reflejan en qué grado las armas han tomado las calles de las principales ciudades mexicanas y cómo se han infiltrado en los hogares. Algunas historias nos llevan a pen-

[29] Mario Arroyo Juárez, "Mortalidad por homicidios en México". *op. cit.*

sar que las armas han estado siempre presentes a lo largo de la construcción del México actual, pero hoy son más visibles. En la realidad, al margen de las cifras, las víctimas tienen nombre y apellido, y las historias son tan similares que parecen repetirse por todo el territorio nacional, de Baja California a Yucatán.

Como ejemplo de esta violencia armada, en Aguascalientes *El Sol del Centro* publicó el 4 de junio de 2008: "Caos total se vivió la tarde de ayer en el norte de la ciudad, pues se registraron cuatro balaceras y persecuciones y todo terminó cuando las fuerzas federales, con el apoyo del ejército mexicano y las diferentes corporaciones policiacas locales, 'reventaron' una casa de seguridad en el fraccionamiento Villas de San Nicolás, con saldo de siete personas detenidas, presuntos miembros del grupo delictivo 'Zetas' [...] cuatro hombres y tres mujeres, y se pudo asegurar tres granadas de fragmentación, vestimenta oscura, cargadores, rifles AK-47 de los llamados 'cuernos de chivo', AR-15, así como armas cortas y cuatro imágenes de san Judas Tadeo del interior de una camioneta blindada". Además del decomiso de armas, el periódico da cuenta de la actitud de los curiosos, incluyendo madres de familia y menores que, por imprudencia, se expusieron a recibir un disparo durante el fuego cruzado entre autoridades y delincuentes.

En Baja California Sur, una nota de *Milenio Diario* del 26 de enero de 2010 denunciaba el intento de silenciar a balazos a la prensa: "El director de la revista *Puerto Viejo*, Armando Suárez, fue baleado el pasado jueves. La víctima, quien recibió cuatro disparos, aseguró que la agresión fue ordenada por el alcalde de Loreto, Baja California Sur, Yuan Yee Cunningham". Lo mismo sufrió un colaborador de *El Sol de Zacatecas*, que recibió varios disparos sobre la carretera federal número 54 Colima-Ciudad Mier, a la altura del kilómetro 160, cuando circulaba en un vehículo de la empresa, en el que repartía el periódico diario. El medio señaló que éste no era un hecho aislado.

El Sol de Tijuana publicó el 9 de marzo de 2010 que dos sujetos de 17 años amenazaron con una pistola calibre .45 a una mujer para que les entregara la camioneta en la que esperaba a su marido, a la salida de un minisúper. Los delincuentes huyeron a toda velocidad por la avenida Tijuana, de la colonia El Tecolote, razón por la que policías municipales los detuvieron tras una persecución. Al revisarlos, les encontraron la pistola. El arma tenía seis tiros útiles en el cargador y otro alojado en la recámara. Los detenidos declararon trabajar para un sujeto al que identificaron como Martín "N", quien les proporcionaba numerosas armas de fuego y les solicitaba vehículos con características específicas, por cada uno de los que recibían 50 dólares.

A principios de 2010, en Sonora, la agencia de noticias Organización Editorial Mexicana (OEM) reportaba en sus diferentes diarios locales que como resultado de un pleito en una cantina "fueron capturados tras sufrir aparatosa volcadura dos peligrosos sujetos en posesión de un R-15 con silenciador y una escuadra .9 milímetros". Los hechos sucedieron en San Luis Río Colorado. Iván Ernesto González Méndez, de 26 años, alias *el Carrocillas*, con antecedentes por contrabando de drogas, como mariguana y metanfetaminas, en los Estados Unidos, se encontraba en la cantina cuando se inició una pelea con Martín Méndez López, de 45 años, y Omar Cortez Andrade, de 29 años. González Méndez, para no tener problemas, se retiró y se subió a su *pick up* Chevrolet Silverado, color negro, modelo 2008, pero los otros dos sujetos lo persiguieron por varias calles a punta de balazos. González Méndez recibió un impacto de bala en un glúteo antes de que Méndez López y Cortez Andrade se volcaran en su automóvil, por lo que fueron auxiliados por las autoridades, que les decomisaron las armas de uso exclusivo del ejército.

Tan sólo tres meses antes, en una historia similar en Monterrey, resultaron dos muertos y un lesionado. Asesino y víctimas se conocían cuando se encontraban en el bar Red Kiu, ubicado en la colonia Las Brisas. A las víctimas, las investigaciones las ligaron, a una con narcotráfico, homicidios y extorsiones, y a la otra, como amigo de otros hombres que habían sido ejecutados en los meses anteriores. El grupo, de seis hombres y dos mujeres, pidió varias botellas de ron; algunos inhalaron cocaína. Alrededor de las tres de la madrugada los meseros les avisaron que el bar cerraría. Uno de los parroquianos se llevó la mano a la cintura y enseñó la pistola al mesero, en un gesto intimidante. El empleado no insistió y siguió atendiéndolos hasta las siete de la mañana, cuando nuevamente intentó darles la cuenta. En ese momento, los asistentes ya se encontraban muy borrachos y comenzaron a discutir entre sí. El asesino acusó a Cuauhtémoc Labastida Salazar de 56 años y Abel Quetzalcóatl López Nava de 32 de que "se lo querían echar" para que no los delatara. Los testigos no supieron de qué lo encubrían. La discusión creció y el acusador sacó una .9 mm. Disparó. Labastida Salazar y López Nava murieron en la escena. Al darse a la fuga, el asesino lanzó tres tiros en la espalda a la tercera víctima.

Los vínculos con el crimen organizado son usualmente la explicación del porqué alguien recibió un balazo. También son la justificación a la falta de voluntad de las autoridades para encontrar culpables o hacer cumplir la ley. Pero numerosos casos de gente inocente que estaba en el momento y en el lugar equivocados demuestran lo contrario: recibir una bala, cuando hay tantas armas disponibles, podría considerarse entonces tan sólo cuestión de mala suerte. Lugar, hora o marca de coche equivocadas. Justamente eso fue lo que sucedió en marzo de 2010, cuando dos estudiantes del Instituto Tecnológico y de Estudios Superiores de Monterrey murieron en el fuego cruzado entre militares y delincuentes frente a la zona universitaria. Los primeros recibieron una denuncia anónima sobre la presencia de hombres armados en camionetas que circulaban en la avenida Garza Sada de Monterrey, Nuevo León, y dispararon sin miramientos.

Otra muestra de la violencia normalizada en algunas regiones mexicanas es el caso del jornalero de 40 años en Apatzingán, Michoacán, quien recibió una bala perdida cuando en su camioneta se dirigía a recoger a sus trabajadores para la cosecha de limón en la comunidad de Las Catalinas. Gilberto Mercado Reyes viajaba junto con su hermano menor y otras personas a bordo del vehículo cuando escucharon disparos, y, de pronto, sintió un impacto en el costado izquierdo, por lo que frenó su marcha y pidió ayuda a sus acompañantes. Éstos lo trasladaron al hospital, donde falleció mientras lo revisaban.

También queda claro que cualquiera está expuesto a recibir un disparo con arma de fuego, cuando las víctimas son los niños, la población más vulnerable. De acuerdo con la organización internacional Save the Children, cada día mueren dos menores de 14 años en el país. El 10 por ciento de estas muertes ocurre con armas de fuego.

Una muestra del peligro que corren los menores ante la proliferación de armas de fuego es el caso de Naomi Bárcenas Téllez, de tres años, quien recibió un disparo en el abdomen con un arma de alto calibre: 7.62. La bala provenía de un tiroteo que se desarrollaba en la colonia Nueva Argentina del Distrito Federal, atravesó las paredes de la casa y alcanzó a la niña mientras dormía. El proyectil le perforó el abdomen y el intestino y salió por uno de sus glúteos. Treinta y ocho días después la dieron de alta, pero médicos y familiares coinciden en que fue un milagro salvarla.

A diferencia de este caso, muchos niños mueren por balas perdidas, ya sea en conflictos armados o en celebraciones como el año nuevo. Víctimas de este tipo de tragedias y pérdidas irreparables fueron la familia Alvarado Rodríguez en Chihuahua en 2008 o la familia Ortiz Luna en Veracruz al iniciar 2010. Los primeros dormían cuando, cinco minutos después de iniciado el 2008, su hija Mía, de tres años, recibió en la frente el impacto de una bala perdida de AK-47, que atravesó el techo de cartón de su vivienda. La menor lloró y se desvaneció en la cama que compartía con sus cuatro hermanos. La llevaron a la clínica pero allí les dijeron que no tenían el equipo para atenderla, por lo que la trasladaron al Hospital General casi 14 horas después. La menor murió tras siete días durante los cuales sus padres y los médicos intentaron salvarla. Melissa Ortiz Luna, de cinco años, caminaba en compañía de sus padres a casa de unos familiares en la colonia Villas de Guadalupe, para felicitarlos por el año nuevo, cuando recibió en el cráneo una bala perdida y murió poco más tarde en la clínica a la que la trasladaron.

Entre diciembre de 2006 y abril de 2010, unos 913 menores de nueve a 17 años han muerto en el marco del combate al crimen organizado; 110 niños fallecieron en retenes y en medio del fuego cruzado entre integrantes del crimen organizado y las autoridades. Otros 73 menores fueron asesinados en ataques específicos a sus familias. Las entidades donde más menores han sido víctimas de balas durante enfrentamientos son Chihuahua con 43, Baja California con 26, Zacatecas con 23, Guerrero con 19, Sinaloa con 15, Nuevo León con 13, Tamaulipas con nueve y Durango con siete. Al menos 3700 niños quedaron en la orfandad. Las muertes de civiles como daño colateral de la guerra contra el narcotráfico emprendida desde el gobierno federal son, también, causa de la violencia armada, una violencia armada que se va filtrando en las actividades más habituales de una sociedad y que poco a poco se hace común.

Un viaje en una unidad del transporte público de la ruta 9-643 en la ciudad de Reynosa se volvió una tragedia para la familia Martínez Medrano cuando elementos del ejército mexicano dispararon ráfagas de armas de alto poder contra el autobús en el que se encontraban más de 30 pasajeros. El objetivo era una camioneta Durango blanca con placas de Texas, Estados Unidos. Tras la persecución, los militares la interceptaron adelante del microbús, pero el colectivo quedó en medio del fuego cruzado sin poder evitar los disparos. El chofer se percató de la balacera y gritó a los pasajeros que se tiraran al piso. Así lo hizo Eduardo Martínez Antonio cuando escuchó las primeras detonaciones, y cubrió a su hija Elizabeth Martínez Medrano, de un año y cinco meses de edad, para protegerla. Las balas calibre 7.26 perforaron las paredes del colectivo: Elizabeth recibió una bala en el estómago; su padre fue herido en un brazo y la pierna derecha, y su mamá, Marlett Medrano García, de 21 años, resultó con lesiones en un brazo y en el vientre a causa de las esquirlas. El padre de Elizabeth narra que sintió algo caliente y vio a la pequeña herida. A pesar del peligro se bajaron del vehículo para buscar ayuda. Elizabeth murió dos horas más tarde mientras la intervenían en el hospital, el 26 de diciembre de 2009.

Además hay otro tipo de violencia armada en la que las armas de fuego desempeñan un papel fundamental para zanjar cuentas entre las personas comunes. Este tipo de violencia con armas de fuego tiene que ver con las balas que también cruzan por historias familiares, donde nada extraordinario sucede, pero las diferencias terminan en sangre y muertes. Historias casi habituales como la que cuenta *La Prensa,* que refiere el hecho ocurrido en el mercado de la Merced, en la Ciudad de México, en la que un policía preventivo disparó a su ex esposa antes de pegarse un tiro. El diario señala que se encontraron cuando él iba a visitar a su madre en el pasillo siete de la nave mayor del mercado. Comenzaron a discutir, como era costumbre; la madre del policía se llevó a los niños a su puesto para que no presenciaran la pelea. Pero esta vez Enrique Aguilar, quien le reclamaba a su ex mujer una supuesta infidelidad, ante decenas de testigos, sacó el arma a su cargo y disparó contra Rosario Lagunas. Después se disparó a sí mismo y murió. La mujer fue atendida con heridas de gravedad en la Cruz Roja de Polanco.

Entre familiares inmediatos también ocurren tragedias con armas. El periódico *Reforma* del 11 de enero de 2010 publica que los hermanos Manuel y José Seade viajaban a bordo de un Mercedes Benz, en la colonia Polanco. Manuel conducía mientras discutía acaloradamente, al parecer porque le debía dinero a su hermano. En medio de la discusión, el supuesto acreedor sacó una pistola .9 mm y le disparó a Manuel a la altura de la sien. Descendió del coche, justo frente al centro comercial Plaza Antara. Observó, entonces, que una mujer había sido testigo de su delito y se acercó a ella y la amenazó con la pistola. Acto seguido emprendió la huida. Varias patrullas y policías a pie lo persiguieron y lograron detenerlo en las calles de Homero y Sócrates. Se encontraba intoxicado por alguna sustancia al momento en que cometió el crimen, según se percataron las autoridades cuando rindió su declaración.

Las discusiones familiares que terminan en plomo, al parecer son fáciles de entender y escandalizan menos que otras coartadas. Al menos eso pensó el ladrón Hermenegildo Segovia Várguez, cuando, atendido en el Hospital

O'Horán de Mérida por un balazo en un pie, declaró a las autoridades que, después de haber consumido bebidas embriagantes, había tenido una discusión con su padrastro, quien le había disparado con un rifle. La versión publicada en *Milenio Novedades* el 19 de diciembre de 2009 consigna la confesión que realizó después el herido, en la que reconoce que había entrado dos veces al terreno de Francisco Dzul Can, con la finalidad de robar un triciclo. La primera vez, tiró una piedra para averiguar si había alguien en casa y no obtuvo respuesta, por lo que ingresó. Pero Segovia Várguez, de 23 años, no contaba con que Dzul Can había decidido no acompañar a su familia a una fiesta y se encontraba en casa. Al ser descubierto, el ladrón insultó a don Pancho y huyó, pero al poco rato regresó e intentó llevarse el triciclo de nuevo. Ya en la calle, escuchó una detonación y sintió un fuerte dolor en la pierna izquierda.

Cuando la pérdida de vidas de manera violenta se convierte en algo usual, a menudo responde a una situación de repetida violencia estructural y cotidiana. La falta de posibilidades de desarrollo y de opciones no violentas para alcanzar posiciones o reconocimientos permiten que una subcultura violenta, como la del narcotráfico, las pandillas o el acoso escolar, ganen terreno y comiencen a verse como normales. Mientras la violencia no alcance desenlaces fatales, es tolerada o ignorada. Los jóvenes incluso son alentados a incorporar conductas violentas en su comportamiento cotidiano porque la sociedad es laxa con un fenómeno que no llega a reconocer como extraordinario y censurable. Cuando la violencia es el único mecanismo para resolver una diferencia o un agravio, igual terminan en balas las discusiones por mucho dinero o por un triciclo, o por otros motivos inverosímiles, lo que hace evidente la intolerancia con la que se resuelven los problemas en el país.

Esta intransigencia se constata en dos sucesos ocurridos en 2009 en el Distrito Federal. Una nota del 4 de marzo en el diario *Excélsior* cuenta que los tripulantes de un auto particular, molestos por el inconveniente que les causaron las obras de reencarpetamiento del Circuito Interior Río Consulado, les dispararon con arma de fuego a tres de los obreros que no los dejaron pasar por el camino cerrado por las obras. La otra es del periódico *Reforma*, del 10 de septiembre, la cual consigna que un automovilista que viajaba con su esposa por la colonia Del Valle tuvo un incidente con el conductor de una camioneta, por lo que ambos comenzaron a provocarse de coche a coche y a darse "cerrones"; el de la camioneta alcanzó al primero y "saca la pistola y le pega al otro dos balazos a la altura del pecho".

¿Cuántas armas hay en México?

Nadie sabe cuántas armas de fuego hay en el país. Si uno se guía por las noticias tal parece que, ya sea para defensa propia o para delinquir, cada vez hay más pistolas y más fusiles; sin duda, más potentes y mortales. Lanzagranadas y "matapolicías" ocupan los relatos de nota roja de los diarios nacionales en los reportes sobre decomisos y enfrentamientos. Abundan los calibres .22, .38, .38 súper y hasta .45 en las noticias locales de muertes en peleas entre pandillas, ajustes de cuentas familiares y violencia en las fiestas tradicionales de los pueblos.

Al principio quizá no parecía importante llevar la cuenta. La costumbre imponía que los mexicanos estaban armados; era un hecho. Se dice que incluso las abuelitas escondían las pistolas bajo su chal y no sorprendía que los niños supieran el funcionamiento de las armas de fuego o que le guardaran la pistola a un adulto.

En realidad, la insuficiencia de estadísticas sobre comercio y posesión de armas de fuego o sobre los usuarios y sus víctimas impide entender las dimensiones del problema de la proliferación de las armas de fuego en la sociedad mexicana y sus consecuencias.

Los primeros intentos por llevar a cabo una regulación de la existencia de armas de fuego en el país, a principios del siglo pasado, eran locales o regionales y encontraron muchos obstáculos. El principal era que dejaban a la buena voluntad de la población el registro y que había una ilegalidad de origen sobre cómo se adquirían las armas, que pocos intentaban subsanar.

Hasta antes de 1972, cuando se creó la Ley Federal de Armas de Fuego y Explosivos, la gente tenía armas en su casa, las portaba, las regalaba o las vendía. A principios de los años sesenta, en una cantina del centro en el puerto de Acapulco, Guerrero, poco menos de dos minutos bastaron para que 14 personas resultaran muertas en una balacera. Carlos Sutter, a quien apodaban *el Mocho*, fue uno de los integrantes del grupo que llegó al lugar donde se encontraban algunos a los que consideraban sus enemigos. Apenas se cerraron las puertas, se dispararon entre sí unos a otros. El resultado: 14 muertos. Seis camionetas fueron necesarias cuando la familia tuvo que sacar las armas que Sutter guardaba en su casa.[30]

Unos 10 o 15 años antes de eso, cada víspera de año nuevo *el Mocho* instalaba en la azotea de su casa una mesa larga sobre la que colocaba sus 30 armas preferidas, una detrás de otra, desde revólveres hasta rifles de asalto, cargadas y listas para detonarlas, una a una, el primer segundo del primer día del año que comenzaba. A las 12 de la noche en punto, Sutter comenzaba a disparar al aire mientras su sobrino, de 13 años, se encargaba de reponer las balas y reabastecer los cargadores, dejándolas en su sitio listas para una segunda ronda. Eran por lo menos 15 minutos continuos de tiros al aire que dejaban en el ambiente un olor penetrante a pólvora y a humo espeso.

Las quejas de los vecinos y de los turistas llegaron al ayuntamiento de Acapulco, el cual le envió una comunicación oficial al señor Sutter en la que le solicitaba, de la manera más atenta, que abandonara su tradicional festejo de año nuevo. No obstante, llegó ese 31 de diciembre y *el Mocho* siguió con su costumbre. A los primeros disparos, llegó una patrulla a intentar detenerlo, gritándole desde la calle que dejara de disparar. Sutter entonces apuntó a la patrulla y le disparó, dejándola con varios impactos de bala. Los policías llegaron a pie a la comandancia a reportar los hechos. El comandante de la policía, desesperado, decidió tomar acciones inmediatas y definitivas para dete-

[30] Entrevista de la autora con Jaime Hudson Treppiedi, familiar de Carlos Sutter.

ner al *Mocho.* Tomó el teléfono y marcó un número. "Diga", respondió una voz. El comandante se aclaró la voz y saludó. "¿Madrina?, dígale por favor a Carlos que ya no tire balazos al aire, es muy peligroso y asusta a los turistas..."

En 1972, el Registro Federal de Armas de Fuego y Control de Explosivos quedó a cargo de la Sedena, organismo que tiene entre sus atribuciones la expedición de licencias para la portación de armas de fuego, que no incluye las armas prohibidas expresamente por la ley y las que la nación reserva para uso exclusivo del ejército, la armada y la guardia nacional. En esta instancia se registran todos los movimientos de las armas de fuego legales: altas, bajas por pérdida o robo, cambios de propietario, incorporaciones de armas, etcétera.

Al igual que en las iniciativas previas, el Registro Federal de Armas de Fuego y Control de Explosivos no tiene manera de comprobar cuántas armas había antes de que fuera creado. Pero en 2001 también demostró su incapacidad para determinar cuántas existían desde su creación hasta ese año. La ASF afirmó entonces que la Sedena no contaba con una única base de datos del Registro Federal de Armas de Fuego: de 1973 a 1994 las armas dadas de alta en el sistema eran microfilmadas; los registros de 1985 a 1994 eran capturados en el sistema de la Dirección General de Informática de la Sedena, y sólo a partir de 1995 se registraron en el sistema de captura de la Dirección General del Registro Federal de Armas de Fuego y Control de Explosivos (DGRFAFCE). Por lo tanto, no había manera de compararlas y de saber si los registros estaban duplicados.

La auditoría evidenció que ni el sistema para la manifestación de posesión de armas de fuego de particulares, ni el control de las licencias de portación de armas de fuego es automatizado. Entre otras observaciones, en 2001, la ASF también descubrió deficiencias en la generación de estadísticas, en el control de las visitas de inspección y vigilancia a las instituciones o empresas con licencias para la portación de armas de fuego, a los establecimientos con permiso para comercializar cartuchos, a los clubes y a las asociaciones de tiro, caza y pesca, así como de los permisos extraordinarios para la transportación de armas de fuego.

Nueve años después, la Sedena, a través del documento "Desarrollo del sistema informático integral para la Dirección General del Registro Federal de Armas de Fuego y Control de Explosivos", reconoce rezagos tecnológicos y de procedimiento, ya que los balances de los permisionarios sobre los consumos que realizan, así como los reportes, los informes y las estadísticas, se siguen analizando de forma manual.[31] Aparte comenta que, para subsanar este requerimiento, las oficinas del Registro Federal de Armas de Fuego de las diferentes regiones del país requieren información en línea que les permita rastrear un arma específica para saber si cuenta con algún antecedente, lo cual actualmente no es posible.

En enero de 2010 la DGRFAFCE afirmó tener 2 847 499 piezas[32] cuyos permisos para su posesión están vigentes,

[31] Guido Peña, "Sedena pierde el control en el registro de armas", *Milenio Diario,* 10 de enero de 2010.

[32] Entrevista de la autora con Eduardo Téllez Moreno, de la Dirección Ge-

cantidad que incluye las armas destinadas a los cuerpos de seguridad pública y privada, tiro, caza y defensa personal. De la comparación con el número de registros de 2001 se desprende que, en promedio, cada mes hay 6723 nuevos registros para la posesión de armas de fuego ante la Sedena.

El trámite para poseer en el domicilio un arma de fuego legalmente tarda un máximo de 15 días y cuesta 85 pesos (casi siete dólares). Se pueden portar en el hogar pistolas y revólveres, escopetas o fusiles.

La Sedena afirma que tiene bien identificadas a las personas que poseen un arma legal: saben dónde viven, dónde trabajan, cómo se han desempeñado en su trabajo y cuál es su conducta, por medio de su perfil psicológico. Los poseedores de armas legales son principalmente hombres, ciudadanos de 25 a 60 años de edad. Sólo 13 por ciento de los solicitantes son mujeres, quienes generalmente adquieren un arma para dedicarse a actividades deportivas o cinegéticas. Las mujeres casi nunca compran un arma para defender sus hogares, a pesar de que la cuarta parte de las familias mexicanas están encabezadas por jefas del hogar.

En nuestro país, el único lugar acreditado para adquirir un arma legalmente es la Dirección de Comercialización de Armas y Municiones (DCAM), adscrita a la Sedena. En el catálogo de octubre de 2009 de la DCAM, el arma más barata es una escopeta Admex HK510, calibre .16 de un solo tiro, con martillo externo y con un sistema de quie-

neral del Registro Federal de Armas de Fuego y Control de Explosivos de la Sedena.

bre, que tiene un costo de 2384.01 pesos (184 dólares); la más cara cuesta 101091.53 pesos (7803.67 dólares) y es una escopeta alemana marca Merkel, superpuesta, modelo 2002E, calibre .12. La pistola más económica cuesta 4258 pesos (328.71 dólares) y es una Walther, calibre .22 con 10 tiros. Hay armas Taurus, Hatsan-Escort, Smith & Wesson, Glock, Cezka Zbrojovka, Lanber, Winchester, Beretta, Browning, Heckler & Koch, entre otras. No obstante, quienes han acudido a la Sedena con la intención de comprar un arma aseguran que pocas veces está disponible lo que ofrece el catálogo y que la selección es mucho menor, con sólo 15 o 20 modelos, lo que, según los interesados, los empuja a acercarse al mercado negro.

En 2008, las cinco armas que más se vendieron a civiles para la protección de su domicilio fueron: de calibre .38, la Glock 25, la Beretta 84FS y la Taurus PT 58 HC Plus; de calibre .22, la Walther P22, y de calibre .30, la Beretta 34 FS Níquel.[33]

La portación de un arma es un tema aparte. Actualmente las licencias de portación tienen una vigencia de un año. El motivo principal para obtener una licencia es la exposición de motivos profesionales. Debe ser un trabajo relacionado con factores económicos, de productividad o sociales que requieran el empleo de un arma como herramienta, principalmente manejo de valores, seguridad de personas, etcétera. Además, se debe contar con el aval de un psicólogo, certificado legalmente y presentado ante

[33] Verónica Sánchez, "'Atan' armas a hogares", *Reforma,* 22 de febrero de 2009.

la Sedena, que establezca que quien solicita el permiso está facultado para el manejo de armas.

Mientras internacionalmente se calcula que casi tres cuartas partes de las armas pertenecen a civiles o a actores no estatales, en México —según la Sedena— no son mayores las armas civiles registradas que las que se encuentran disponibles para el uso de las fuerzas de seguridad. Por motivos de seguridad nacional, la Sedena no proporciona datos sobre las armas en posesión de civiles, con el fin de que no sea posible el cálculo aproximado de las armas de fuego utilizadas para el combate al crimen organizado y el orden público de los agentes que proveen la seguridad nacional. Cerca de 10000 cartuchos se venden legalmente cada día.

Aproximadamente 90 por ciento de las personas que solicitan el permiso para la posesión lo obtienen, asegura la Sedena. Para el teniente coronel Eduardo Téllez Moreno, de la DGRFAFCE de la Sedena, resulta "muy evidente que los ciudadanos no están armándose para la defensa de sus hogares", por la responsabilidad y los peligros que implica tener un arma en casa. Además —asegura el militar—, los mexicanos no adquieren armas porque los gastos que representa comprar el arma y las uniones son excesivos. Incluso detalla que de las casi 23000 armas que se registraron entre 2006 y 2009, el 85 por ciento se destinan a actividades deportivas. No obstante, muchos ciudadanos y pequeños comerciantes afirman que aunque saben los riesgos de tener un arma en el negocio o en su domicilio, se ha vuelto una necesidad conseguirla después de sufrir diversos atracos. Tan sólo en 2009, unos

4704 negocios sufrieron asaltos con violencia en el Distrito Federal.

Laura Esquivel, propietaria de una estética en Coacalco, Estado de México, al ser entrevistada por el diario *Milenio*, comentó que después de haber sido asaltada en su negocio su marido decidió "comprar una pistola a un amigo que había sido policía auxiliar, para protegernos en caso de que nos quieran asaltar". Ella asegura que el arma es una "forma de defender a sus hijos".

El incremento de armas de fuego, en comparación con 2001, cuando la Sedena reportó a la ASF 2121384 registros de posesión de armas, significa que durante los últimos nueve años se registraron diariamente 224 armas legales, y que en general los mexicanos se arman de manera ilegal.

En uno de cada cinco hogares mexicanos se guarda un arma de fuego. De acuerdo con la Encuesta de Seguridad Nacional del 3 de noviembre de 2008, aplicada por el Colectivo de Análisis de la Seguridad con Democracia, 11.5 millones de personas confirman que poseen armas de fuego, lo cual significa que 15 por ciento de los adultos con credencial para votar cuentan con armas de fuego en sus hogares.[34]

En torno al tema de las armas hay mucha ignorancia, una noción de ilegalidad, algunos hábitos y el prestigio intrínseco de los artículos de lujo. Aseguran no tener armas en casa 82 por ciento[35] de los mexicanos, pero la mayoría

[34] Encuesta de Seguridad Nacional, 3 de noviembre de 2008, Colectivo de Análisis de la Seguridad con Democracia, Encuesta SIMO, Sistemas de Inteligencia en Mercado y Opinión.

[35] *Idem.*

conoce quién sí las tiene, ya sea su padre, su hermano, su primo o "un amigo". Poca gente sabe si su arma es legal o no, pero si entran en confianza quizá comenten que es "como la de James Bond (una Walther P99 .9 mm. Parabellum); ¿crees que sea ilegal?" En algunas regiones y pueblos de México es común que al cumplir 15 años se les regalen armas a los jóvenes varones, aun en zonas tan urbanas como Iztapalapa, los Reyes Culhuacán, Santa María Aztahuacán, San Lorenzo Tezonco, San Sebastián Tecoloxtitlán o Santa Martha Acatitla.

Las armas ilegales podrían ser incontables. La organización internacional Small Arms Survey realiza un cálculo mundial con base en las transferencias de armas pequeñas y ligeras legales y su conexión con el mercado negro; en México, esta organización considera que por lo menos existen 10 millones de armas de fuego ilegales. No obstante, autoridades federales en México han reconocido que podrían estar circulando por las calles de las 32 entidades de la República más de 15 millones de armas ilegales. Especialistas en seguridad y organizaciones no gubernamentales señalan diferentes cantidades —entre 16.5 y 20 millones de armas de fuego— circulando ilegalmente, una información mucho más probable si se considera que la Cámara de Diputados ha recibido datos de la Procuraduría General de la República que señalan que mensualmente podrían estarse vendiendo en el mercado negro entre 60 000 y 65 000 armas de distintos calibres.

Podrían ser muchas más de los 15 millones de armas si lo que suponen otros estudios menos optimistas resulta más cercano a la realidad; por ejemplo, en Puebla, se estima que existen siete armas de fuego por cada 10 personas.[36] La población lo sabe o lo piensa de esta manera: 56 por ciento de los mexicanos cree que en su comunidad circulan armas de fuego en forma clandestina.

Entre la charla común entre vecinos, los tiros al aire en las fiestas y las noticias, existe la percepción de que hay muchas armas en México, pero nadie sabe cuántas son. Sólo se detectan armas cuando se efectúan acciones legales sobre su trasiego, posesión, acopio o portación en flagrancia, o cuando son usadas en algún enfrentamiento o alguna ejecución.[37]

Esto es lo que establece la ley, pero en la realidad, y sin que la Sedena lo confirme ni proporcione detalles al respecto, en los últimos meses el ejército ha llevado a cabo operativos de localización de armas entre los ciudadanos comunes, por lo menos confirmados en el Estado de México y en León, Guanajuato, como lo reportó la prensa. El operativo consiste en que los soldados armados, y con el rostro oculto en algunos casos, consultan a los habitantes, casa por casa, si tienen armas; posteriormente pasan por la calle un detector molecular de armas y explosivos, y en caso de que se presuma la presencia de armamento, revisan el inmueble.[38]

[36] Eduardo Vázquez Rossainz, del Centro de Emergencia y Respuesta Inmediata (CERI) perteneciente a la Secretaría de Seguridad Publica y Tránsito Municipal, septiembre de 2009, citado por Érika Rivera Almazán, "Armas de fuego, la peor amenaza pública", *Milenio Diario,* 11 de septiembre de 2009.

[37] Gobierno Federal (PGR, Sedena, SSP; Segob, Semar), *Tráfico de armas México-EUA,* noviembre de 2008.

[38] Carlos Hugo González, "El ejército busca armas en casas; inicia en Echeveste", *Milenio Diario,* 14 de marzo de 2010.

Además del tráfico de armas, el mercado negro también se alimenta de las armas legales de ciudadanos y de la policía. De 2000 a 2008, la Sedena fue notificada del robo de 6932 armas a 49 secretarías de Seguridad Pública de los estados y procuradurías locales, además de la Policía Federal y de la Procuraduría General de la República, lo cual equivale a 60 por ciento de las armas decomisadas en el mismo periodo.

De las armas que se detectan durante las acciones de decomiso, la mayor preocupación no es sólo su cantidad, sino la potencia de las armas ilegales que ingresan a territorio mexicano. Siete de cada 10 armas aseguradas al narcotráfico son armas largas. Las autoridades han reconocido que gran parte de las 15 millones de armas ilegales que hay en México en manos del crimen organizado son modelos AK-47 y AR-15; este último también es un fusil de asalto ligero sin retroceso. Los dos son capaces de disparar más de 500 balas por minuto.[39]

Los tipos de armas

¿Cuál es la implicación de que haya armas de alto poder no sólo en grupos del crimen organizado sino también en manos de la delincuencia común o incluso de ciudadanos para su defensa? ¿De qué son capaces estas armas al ser operadas por manos equivocadas? El rifle de asalto más popular y quizá el más emblemático como un símbolo de

[39] Secretaría de Seguridad Pública e Ignacio Alvarado Álvarez, "AK-47, el asesino global", *El Universal,* 5 de marzo de 2009.

la guerra y la violencia del último siglo es el AK-47. Su cargador curveado le otorga una forma distintiva, por la que en México se le llama coloquialmente "cuerno de chivo". La presencia de este tipo de armas se propagó a lo largo y ancho del planeta. Su capacidad de resistir el frío, el calor extremo, la arena, la lluvia, el barro, e inclusive de permanecer bajo el agua o de ser aplastado por un vehículo Hummer, como demostró el Discovery Channel, con una probabilidad sumamente baja de que el fusil se encasquille, lo convirtió en el arma de más de 55 ejércitos, que la utilizan por su simpleza y fiabilidad. Compuesto únicamente por nueve piezas y de fácil ensamblaje, que su creador Mijaíl Kalashnikov, diseñó pensando en soldados que no habían completado la instrucción secundaria, esta misma cualidad del rifle Kalashnikov es lo que ha permitido que sea utilizado por niños, a veces incluso menores de 10 años de edad, para convertirlos en soldados en los conflictos armados de muchas regiones del mundo. Se cree que se han fabricado más de 100 millones de unidades del AK-47.

El AK-47 es un rifle de asalto operado por gases, es decir, utiliza parte de los gases de la combustión de la pólvora producidos por el disparo para facilitar la colocación de un nuevo cartucho en la recámara del arma y hacer posible el disparo automático. Posee un selector de fuego, que permite realizar un disparo cada vez que se aprieta el gatillo, o disparar en ráfaga automática. Los cargadores estándar tienen 30 cartuchos, aunque hay algunos de 45 e incluso de 90, y cargadores de disco de 60 a 100 cartuchos. El calibre de las municiones es de 7.62 x 39 mm, y

FIGURA I.1. Primer modelo del AK-47 desarmado.

aunque existen armas de mayor potencia, la ligereza del AK-47 (3.8 kilogramos vacío y sin cargador; 4.3 kilogramos con cargador de 30 cartuchos), así como su tasa de disparo de 600 proyectiles por minuto, la mantiene como la favorita de muchos usuarios.

A diferencia del arma de origen ruso, el M16 tiene mayor precisión a la distancia, mayor velocidad y mayor alcance de tiro. El AK-47 fue creado pensando en enfrentamientos en combate a una distancia máxima de 300 metros, mientras que el M16 puede disparar a casi el doble de distancia. Otra diferencia son los 600 disparos por minuto contra los 800 del M16. No obstante, el AK-47 tiene la ventaja de que es un arma muy sencilla y barata de fabricar. Además, pensada en situaciones de combates durante las guerras, no requiere mantenimiento y funciona eficazmente en condiciones atmosféricas adversas.

Otro de los armamentos cada vez más presente en los aseguramientos a grupos criminales en los últimos años han sido los lanzagranadas MGL *(Multiple Grenade Launcher)* o los M-203. El primero es un arma semiautomática con capacidad para disparar seis granadas de 40 mm en menos de tres segundos; el segundo es un arma más común, de tiro único, que se puede fijar tanto a un fusil de asalto como a una carabina, con alcance efectivo máximo para un blanco de área de 350 metros.

A pesar de que en Estados Unidos el lanzagranadas M-203 está clasificado como un "dispositivo de destruc-

FIGURA I.2. Comparación entre un M16 y un AK-47.

ción", no es imposible de conseguir. Los requisitos son vivir en uno de los estados que permita la posesión civil de dicho armamento, ser mayor de 21 años y no tener antecedentes penales, llamar al comisionado local de la policía y solicitar que firme el formato del pago de impuestos y registro de arma ante la Oficina de Alcohol, Tabaco, Armas de Fuego y Explosivos de Estados Unidos (ATF FORM 4), el cual incluye una sección para justificar la adquisición del arma (la mayoría escribe: "coleccionista de armas"). Dicha forma debe ser firmada y entregada a la agencia local de policía, donde le tomarán al solicitante sus huellas dactilares para registrarlas ante el Buró Federal de Investigación (FBI) y constatarán que no es buscado por la justicia. La forma deberá ser enviada a la oficina de la Oficina de Alcohol, Tabaco, Armas de Fuego y Explosivos y se deberá cubrir el pago de 200 dólares por cada "dispositivo de destrucción" (cada granada o munición para mortero debe registrarse aparte y se debe pagar el impuesto de 200 dólares por cada uno). El FBI realiza una investigación del solicitante. Según aseguran algunos coleccionistas de armas, todas las formas de ciudadanos estadounidenses mayores de 21 años con una ocupación legal son aceptadas. A vuelta de correo el solicitante obtendrá la autorización para adquirir el arma. El costo de un lanzagranadas de 40 mm puede variar de 1500 dólares, montado en un armazón de AR-15, y 2500 dólares por separado, para colocarlo en otras armas.

Éste es el tipo de armamento en poder del crimen organizado y los aseguramientos dan cuenta de ello. Por ejemplo, entre diciembre de 2006 y noviembre de 2009, el

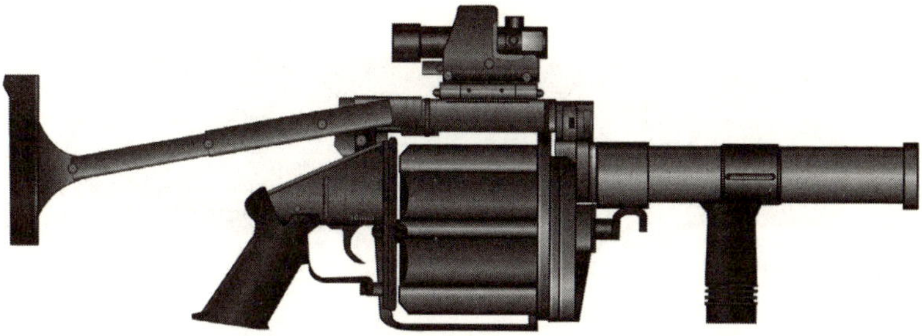

FIGURA I.3. Lanzagranadas 40 mm MGL Mark 1L, Milkor 2009.

gobierno mexicano aseguró en territorio nacional 4 457 granadas,[40] lo cual resulta muy contrastante en comparación con las 75 granadas aseguradas de 2000 a 2002.

Los cárteles de la droga y los grupos del crimen organizado se volvieron más peligrosos. Obtuvieron armamento más propio de una guerra que de la delincuencia, lo cual multiplicó su capacidad de matar e implicó un cambio en la conducta y en los hábitos de los integrantes del crimen organizado.

Los nuevos códigos de conducta se muestran en los mensajes amenazantes, las ejecuciones con claros signos de tortura, las demostraciones de poder entre grupos criminales, los ataques a las familias de los narcotraficantes, los aparentes ajustes de cuentas para silenciar a los ciudadanos y los enfrentamientos con las fuerzas armadas, cada vez más cotidianos en distintas ciudades del país.

[40] Procuraduría General de la República, "Indicadores de gestión en contra de la delincuencia organizada", 1° de diciembre de 2006 al 13 de noviembre de 2009.

FIGURA I.4. Lanzagranadas M-203.

Sorprende la capacidad de fuego que tienen los grupos del narcotráfico y el crimen: más de nueve horas duró una balacera contra una célula de los Arellano en Tijuana en marzo de 2008. En la misma ciudad, ese mismo año, pero dos meses antes, se registró otro tiroteo por más de tres horas, cerca de un jardín de niños del que 30 menores tuvieron que ser evacuados.

Encabezan la lista de los grupos que realizan mayor tráfico de armas los Zetas y el Cártel del Golfo. Los sigue el Cártel del Pacífico. A estas organizaciones se les han encontrado ametralladoras calibre 7.62 mm (AK-47), lanzagranadas MGL y granadas calibre 37 y 40 mm, lanzacohetes RPG-7, cohetes antitanque M-72 y AT-4, fusiles Barret calibre 50 y subametralladoras FN Herstal Belgium con cargadores de 20 cartuchos calibre 5.7 x 28 mm, también llamada Five-Seven y conocida en México como "matapolicías" por su capacidad de traspasar chalecos blindados, así como los blindajes Kevlar y los de cristal templado con policarbonato, a 200 metros de distancia.

Las armas recorren los trayectos de la ilegalidad y la

autoridad por una calle de doble sentido. Las legales pasan a los delincuentes menores y a las pandillas, y las que son producto de decomisos al narcotráfico se quedan en las distintas corporaciones de las policías preventivas estatales, municipales y federales.

El 7 de enero de 2010 cuatro elementos de la policía estatal de Puerto Vallarta, Jalisco, fueron agredidos con granadas de fragmentación. Uno resultó herido. La investigación que emprendió la Secretaría de Seguridad Pública de Jalisco para hallar a los culpables derivó en el arresto del presunto *zeta* Antonio Herrera Ochoa, alias *el Ojo de Vidrio*. Al momento de su detención, *el Ojo de Vidrio* circulaba por el Paso del Guayabo al cruce con la carretera a Las Palmas, en una camioneta Ford Lobo, modelo 1999. Dos adolescentes de 15 y 12 años lo seguían de cerca a bordo de un automóvil Bora. En los vehículos se encontró un lanzagranadas que el detenido aseguró que se había utilizado en el ataque a los elementos de la Secretaría de Seguridad Pública, según le comentó quien le entregó las armas y que, de acuerdo con los peritajes, había sido utilizado recientemente; cinco granadas calibre 40, un fusil AR-15 calibre 5.56 mm, un AK-47, tres pistolas calibre .38 súper, tres pistolas calibre .9 mm, una pistola calibre .38 y una pistola calibre .25. También se le encontraron 397 gramos de cocaína, tres aros aprehensores y 46 290 pesos con los que intentó corromper a quienes lo detuvieron.

Unos días después de ese arresto, el director de la policía municipal de Puerto Vallarta reconoció como propiedad del ayuntamiento una de las pistolas .9 mm aseguradas.

Al parecer, un policía municipal había perdido el arma durante una persecución un mes antes.

No obstante, durante su declaración *el Ojo de Vidrio* mencionó la participación de policías municipales con las personas que le dieron a guardar las armas. El titular de Seguridad Pública del estado hizo señalamientos en relación con el hecho de que elementos de la corporación podrían estar involucrados con los delincuentes.

La Procuraduría General de la República ejercitó acción penal en contra de Antonio Herrera Ochoa por su presunta responsabilidad en la comisión de delitos contra la salud en la modalidad de posesión de cocaína con fines de comercio, violación a la Ley Federal de Armas de Fuego y Explosivos en la modalidad de portación, posesión y acopio de armas de fuego de uso exclusivo del ejército, posesión de granadas y cartuchos de uso exclusivo de las fuerzas armadas, así como de corrupción de menores. Uno de los niños fue consignado al Tutelar y el otro fue entregado a sus padres.[41]

Policías de diferentes niveles de las corporaciones policiacas comentan como algo sabido que, cuando finalmente sale a la luz pública el número de armas aseguradas en un decomiso, con seguridad son menos de la mitad de las que se encontraron originalmente. Entre el aseguramiento y la entrega a la Sedena son muchas las armas que se pierden. Una gran cantidad de las que desaparecen se han ido quedando en manos de policías, generalmente municipales, debido a que son armas de mayores calibres

[41] "Detienen a líder de célula de los Zetas en Puerto Vallarta", *Milenio Diario,* 10 de enero de 2010.

que las que tienen a su cargo en las corporaciones policiacas. Aunque se sabe, nadie se da cuenta formalmente, porque la falta de rigor en los procedimientos de detención y aseguramiento de armas a delincuentes y al crimen organizado permiten que los policías reporten una cantidad menor que la decomisada efectivamente. Además, no existe un proceso para que la Sedena compruebe que ha recibido la totalidad de las armas aseguradas durante un operativo. Por esa razón se registran robos una vez que ha comenzado el plazo de las 72 horas que tiene la autoridad para turnar el arma de fuego a la Sedena. Se desconoce la magnitud de dichas sustracciones.

Esta ausencia de sistematización y de procedimientos comprobables, aunada a la corrupción en la que se conjunta el enorme poder adquisitivo de los grupos del narcotráfico con los bajos salarios y el miedo de la policía municipal y local, permite que se creen entramados entre delincuentes y autoridades por los que pasan la droga y las armas, que se debiliten las instituciones y se alimente la violencia. Los grupos criminales pagan sueldos quincenales y mensuales para que policías y funcionarios de todos los niveles les brinden protección e información. Así lo consigna el Reporte Anual 2009 de la Estrategia Internacional de Control de Narcóticos, en el cual el Departamento de Estado del gobierno estadounidense denuncia que las ganancias de 15 000 a 30 000 millones de dólares anuales permiten que los narcotraficantes tengan en nómina a un "cuadro de oficiales sobornados".

Amenazas de violencia o sobornos son los mecanismos de los cárteles para controlar a funcionarios de gobierno y elementos de los diferentes niveles de policías. El reporte señala que estos grupos del crimen organizado han conseguido mayor influencia entre las policías locales y estatales.

CAPÍTULO II

Historia y legislación sobre armas y explosivos

Los mexicanos tienen derecho a poseer armas. Sin levantar tanta polémica como la famosa Segunda Enmienda de la Constitución de los Estados Unidos de América, el artículo 10 de la Constitución Política de los Estados Unidos Mexicanos también establece el derecho de los ciudadanos mexicanos a tener armas en su domicilio, para su seguridad y legítima defensa.

La Segunda Enmienda de la Constitución estadounidense promulgada en 1791, por la que tanto abogan los *lobbies* porque favorece el libre acceso a las armas, señala que "siendo una milicia bien preparada necesaria para la seguridad de un Estado libre, el derecho a tener la responsabilidad de un arma no debe ser vulnerado". En su origen, el propósito de esta enmienda no era particularmente el derecho de los ciudadanos a defenderse de la criminalidad, sino la posibilidad de que éstos se defendieran ante estados injustos, en caso de ser necesario, o ante la posibilidad de que alguno de los estados de la Unión Americana requiriera rebelarse contra la opresión de la federación.

El derecho de los ciudadanos a defenderse es la base que retoma el artículo 10 incluido en las garantías individuales protegidas por la Constitución mexicana. No obstante, lo hace más con fundamento en la defensa de la integridad personal y sobre la propiedad, ya que en el momento de su redacción el Estado aún incipiente no tenía la capacidad de garantizar el orden social y la seguridad pública de todos los mexicanos. Así, la Constitución garantiza el derecho a la defensa mediante la posesión de armas, con excepción de las prohibidas por la Ley Federal y las reservadas para el uso exclusivo del ejército, la armada, la fuerza aérea y la guardia nacional. Posteriormente, con la creación de la Ley Federal de Armas de Fuego y Explosivos, se restringirá la autorización para portar armas únicamente a los casos, condiciones, requisitos y lugares que establecerá la misma ley.

Actualmente se considera que México posee una de las legislaciones en materia de armas de fuego más restrictivas, pero no siempre fue así.

La conquista española de América permitió la introducción de las primeras armas de fuego portátiles cuya invención se remonta aproximadamente a 1350. Los modelos más antiguos de armas de fuego se comentan en manuscritos de Walter de Milimete, capellán de Eduardo III de Inglaterra. Estas armas, que se componían de un pequeño cañón colocado en un soporte de madera, fueron antecedentes y funcionaban igual que las pistolas del siglo XIX, las denominadas de avancarga, que se cargaban manualmente después de cada disparo introduciendo la pólvora, seguida de la munición de plomo y un taco de papel que mantenía comprimidas en el interior del cañón las dos anteriores.

Durante la época colonial, los ciudadanos portaban armas con el fin de que la Corona pudiera disponer de fuerzas armadas cuando fuera necesario para sus intereses. No había un ejército formal y permanente porque se consideraba innecesario, y además su manutención y su entrenamiento representaban un gasto importante para la Corona española, así que los habitantes de la Nueva España eran organizados localmente e instruidos en el uso de armamento, aunque sin una educación militar rigurosa que pusiera en peligro los intereses de la monarquía.

Uno de los primeros antecedentes de la legislación sobre armas de fuego se remonta a la Real Pragmática del 26 de abril de 1761, en la que se establece que cometían un delito quienes "usan de armas cortas de fuego y blancas de las prohibidas, no yendo comisionados en busca de desertores u otros objetos del real servicio, verificándose la aprehensión de ellas; no siendo militares, están sujetos a las justicias ordinarias". Además, el texto detalla las armas prohibidas: "Pistolas y trabucos que no lleguen a vara, y las blancas cortas, puñales, erjones, guiferos, almaradas, navajas de muelle con golpe seguro o virola, cuchillos de punta chicos o grandes, aunque sean de cocina, los de moda o faltriquera, y daga sola".[1] En un tiempo en el que los duelos a muerte eran la forma usual de resolver los asuntos de honor, la primera legislación en torno a las

[1] Félix Colón de Larriatégui, *Juzgados militares de España y sus Indias*, t. I, Madrid, p. 124, 1817.

armas pone mayor énfasis en prohibir las de "fácil ocultación" que las de mayor potencia y letalidad.

Los estados del norte de México fueron fundados con la tradición de las armas. No sólo gran parte de los territorios fueron conquistados a punta de pistola, sino que los continuos enfrentamientos con las poblaciones autóctonas de la región y los eventuales ataques de tribus nómadas les inculcaron la costumbre de las armas y los fundamentos para la organización de la lucha armada. A mediados del siglo XVI inició la primera colonización del norte de México, impulsada por el descubrimiento de nuevos yacimientos minerales y la autorización de la Corona para conquistar nuevos territorios. La minería era la principal actividad en la Nueva Vizcaya (Chihuahua, Sonora, Durango y parte de Sinaloa). Durante todo el siglo XVII se presentaron numerosos enfrentamientos armados para contener los ataques de indígenas conchos, tobosos, tepehuanes, tarahumaras, laguneros y salineros. A principios del XVIII inició un periodo de relativa paz debido al repliegue de los tarahumaras y el aniquilamiento de algunas de las tribus rebeldes. No obstante, la paz duraría poco como consecuencia de la llegada de los grupos apaches, quienes, aliados con los tarahumaras, cometían robos y ataques en las villas y en las rancherías, los cuales se intensificaron a lo largo de las décadas siguientes. Algunos documentos señalan que hubo 4000 muertos en 23 años (entre 1748 y 1771).

Hasta ese entonces, la fabricación de armas de fuego era artesanal y no se producían en serie. Aunque existieron varios intentos de crear pistolas capaces de disparar repetidas veces sin que requirieran recargarse, la primera pistola de tiros consecutivos fue patentada por Elisha Collier en 1818. De este modelo de revólver aún rudimentario se fabricaron 10 000 piezas para las fuerzas armadas británicas. En los años intermedios se volvieron famosas las pistolas conocidas popularmente como *pepperbox (pimentero)* o *avispero*, las cuales eran principalmente de uso civil y se formaban por un conjunto de cañones alrededor de un eje, cargados de manera individual, lo cual las hacía armas muy pesadas y complicadas.

En 1835, con el perfeccionamiento del revólver moderno de cinco disparos, de simple acción —en el que el tambor giraba cuando se apretaba el gatillo—, patentado por Samuel Colt, se transforma la industria de las armas de fuego y las hace más rápidas, más asequibles y, por tanto, más mortíferas. Colt, inspirado durante la travesía entre Inglaterra y la India, ideó el tambor o barril giratorio al observar el funcionamiento de la rueda de paletas del barco en el que viajaba y la forma en que un trinquete aseguraba su posición.

Además, el diseño de Colt permite que las armas se manufacturen por partes y la intercambiabilidad de estas piezas producidas separadamente hizo posible la producción de armas en mayores volúmenes.

La declaración de independencia en México, en 1821, llevó a toda la zona del norte del país nuevos enfrentamientos con los indígenas nómadas. Si bien el temor a que sus villas fueran atacadas por comanches promovió las armas entre los rancheros, su uso se volvió generalizado entre los mexicanos del norte cuando se declaró la guerra contra los grupos nómadas en 1831. Los gobernadores obtuvieron facultades extraordinarias para organizar y armar a los habitantes de la región. La incapacidad del Estado para hacer frente a esos grupos obligó a que los ciudadanos comunes tomaran las armas e instrucción militar. De esta manera se formaron coaliciones entre varios estados para hacer frente a los grupos indígenas insurrectos. Aunque en un principio fueron fomentadas por el propio gobierno, en 1852 el Senado de la República las prohibió por el temor al surgimiento de levantamientos armados de oposición.

En 1847, durante la intervención de los Estados Unidos en México, apareció una versión mejorada de uno de los modelos de revólver más conocidos de Colt: el Walker. Después de la independencia de Texas, el capitán Samuel H. Walker, del batallón de los Rangers de Texas, fue enviado a abastecerse de armas para defender la frontera con México. En Nueva York conoció a Colt y le sugirió las modificaciones hechas al revólver para hacerlo más eficiente. Colt produjo 2000 armas para la guerra contra México.

Para la Constitución de 1857, antecedente de la Carta Magna vigente, es primordial reconocer los derechos del hombre que intrínsecamente posee como ser humano, enalteciendo la libertad como uno de los más esenciales, pero también en respuesta al autoritarismo que habían vivido los mexicanos hasta entonces. Por lo tanto, la portación de armas se establecía como una de las libertades de los mexicanos en el artículo 10, el cual señala: "Todo hombre tiene derecho de poseer y portar armas para su seguridad y legítima defensa. La ley señalará cuáles son las prohibidas y las penas en que incurren los que las portaren".

Durante el gobierno de Porfirio Díaz la oposición fue reprimida sistemáticamente, para lo cual hizo uso del ejército, de las fuerzas rurales y de la policía.

Algunos diarios de la época retratan la situación apremiante de la economía en el medio rural, previa a la Revolución, misma que continuaría durante los años de lucha armada y aun en etapas posteriores. A la crisis económica de 1907, que algunos historiadores señalan como una de las causas de la revuelta, se suman los estragos sociales y económicos en infraestructura, industria y servicios, y la necesidad de reconstrucción, consecuencias de las batallas. El desempleo empujó a muchos mexicanos a unirse a grupos de rebeldes y a bandoleros en los años revolucionarios, sin que fueran particularmente afines a las causas sociales, tal como señala el diario *El Heraldo* de 1913: "Braulio Arias, [perteneciente] a la gavilla de León Mans, fue capturado. [Se le preguntó] sobre los motivos que tuvo para unirse [a dicha gavilla, contestando que] el cabecilla prometió pagarle un peso veinticinco centavos a los que se agregasen y que estando escaso el trabajo esto lo decidió a seguir al cabecilla".[2]

La década de 1910 a 1920, que inicia con el levantamiento armado de la Revolución, es el periodo más vio-

[2] *El Heraldo,* núm. 167, Morelia, Michoacán, 2 de octubre de 1913, p. 1, citado en Rita María Hernández Hernández, *Movimientos rebeldes michoacanos durante la Revolución (1915-1919): los casos de Jesús Sintora, José Altamirano e Inés Chávez García,* Universidad Michoacana de San Nicolás de Hidalgo.

lento de la historia de nuestro país desde la independencia. Entonces se hace más evidente la costumbre de las armas en los mexicanos norteños, quienes conforman la División del Norte comandada por Francisco Villa, aunque también se arman en otras regiones del país.

Durante la Revolución, el principal punto de entrada de armas para las fuerzas de Villa es Ciudad Juárez. El armamento provenía de diferentes ciudades de los Estados Unidos, como El Paso, Texas, y Columbus, Nuevo México. El Paso, con los comerciantes Shelton-Payne Arms y Krakauer, Zork y Moye Company, también fue un punto importante para el abastecimiento de armas de otros revolucionarios; por ejemplo, Francisco I. Madero y Pascual Orozco, antes de que este último atacara propiedades estadounidenses, por lo cual el gobierno de los Estados Unidos cerró la frontera impidiendo el abastecimiento de armas y municiones.

Posteriormente, en 1915, los norteamericanos impusieron un embargo de armas al ejército de Villa y brindaron su apoyo a Venustiano Carranza por medio del suministro de armas y municiones. Ésta es una de las causas a las que se atribuye el asalto a Columbus perpetrado por las tropas villistas. A pesar de los embargos, las armas continuaron llegando a territorio mexicano por medio del contrabando.

En el momento en que se redacta la Constitución de 1917, el Estado nacional aún es incipiente y no puede garantizar la seguridad, la integridad física y la protección de los bienes e intereses de los ciudadanos mexicanos, por lo que se justifica que la ley procure, por medio de la posesión particular de armas de fuego, salvaguardar el derecho que tienen los mexicanos de mantener la seguridad sobre su vida y sus bienes, no obstante que deja esa protección en sus propias manos.

La portación de armas de fuego quedaba sujeta a la aprobación de la autoridad local y a los reglamentos de la policía. Sin embargo, la mayoría de las autoridades locales de la época posrevolucionaria provenían de las distintas fracciones involucradas en la lucha armada y la manera en que imponían su autoridad a menudo se parecía aun a la ley de la guerra.

No hay una policía nacional, sino muchas corporaciones, cada una de las cuales funciona sin que los ciudadanos sepan, bien a bien, a qué autoridad responde. Cada región del país se organiza para estar a favor de unos caudillos y en contra de otros. Además, después de una década de armas, la paz social era aún muy frágil para que el papel pudiera garantizarla en la realidad.

Después de 1917, a pesar de que Venustiano Carranza intentó plasmar en la Constitución la mayoría de las demandas sociales de los diferentes grupos, aún existía mucha oposición política al nuevo gobierno y división en el seno del propio grupo en el poder, lo que, junto con la debilidad de las instituciones para mantener la paz y la cohesión nacional, permitía que continuaran apareciendo por todo el territorio nacional brotes de movimientos armados aun emanados propiamente de la Revolución y otros grupos rebeldes y de bandoleros que se confundían con las reivindicaciones de la lucha armada, pero que surgieron más como respuesta a la pobreza y la falta de empleo del periodo.

Durante los años posteriores a la promulgación de la Constitución de 1917, algunos grupos manifestaron su rebeldía al constitucionalismo en diversas regiones del país, como Jalisco, Michoacán, Colima y Zacatecas, entre otros, donde los movimientos armados se mantenían en pie de guerra. Igual que la lucha armada, la posrevolución tuvo notables diferencias entre el norte y el sur, entre oriente y occidente, pero en todo el territorio los caudillos militares de la Revolución estaban dispuestos a seguir compitiendo por el poder.

La Constitución Política de 1917 conserva el mismo espíritu del artículo 10 de la de 1857, pero mientras que por un lado enfatiza la libertad, por otra parte ahonda en las restricciones: "Los habitantes de la República mexicana son libres de poseer armas de cualquier clase para su seguridad y legítima defensa, hecha excepción de las prohibidas expresamente por la ley, y de las que la nación reserve para el uso exclusivo del ejército, armada y guardia nacional; pero no podrán portarlas en las poblaciones, sin sujetarse a los reglamentos de policía".

La misma Constitución de 1917 establece en sus artículos transitorios que el Congreso constitucional expedirá las leyes orgánicas de la Constitución y que se dará preferencia a las leyes relativas a las garantías individuales —entre las cuales se halla el artículo 10— además de otros artículos señalados en el texto. No obstante, pasarían más de 100 años antes de que se regulara específicamente sobre el tema.

El 14 de agosto de 1931, en concordancia con el precepto constitucional, se establecieron en el artículo 160 del Código Penal Federal las armas prohibidas por ley: puñales, verduguillos y demás armas ocultas o disimuladas en bastones u otros objetos; boxers, manoplas, macanas, hondas, correas con balas, pesas o puntas y las demás similares.[3]

El 2 de agosto de 1933, el presidente Abelardo Rodríguez promulgó la "Ley que declara las armas que la nación reserva para uso del Ejército, Armada e institutos armados para la defensa nacional", misma que le permitió el 30 de agosto de 1933 expedir el "Reglamento para la portación de armas de fuego".

De 1933 a 1971 las operaciones con armas de fuego eran reguladas por estos dos ordenamientos y por otros dos más: el Reglamento para la Fabricación, Organización, Reparación y Exportación de Armas de Fuego, Municiones, Explosivos, Agresivos Químicos y Artificios de 1933, y, más tarde, el Reglamento para la Compraventa, Transporte y Almacenamiento de Armas de Fuego, Municiones, Explosivos, Agresivos Químicos y Artificios, y su Uso y Consumo, expedido en 1953.

La falta de un eje rector de los ordenamientos anteriores complicaba tanto la regulación como la obtención de permisos y licencias sobre armas de fuego. Además, dado que la portación de las armas quedaba bajo la tutela de

[3] Actualmente el Código Penal Federal (última reforma: *Diario Oficial de la Federación*, 20 de agosto de 2009), en su artículo 160, sigue regulando las armas prohibidas, pero no las enumera: "Artículo 160. A quien porte, fabrique, importe o acopie sin un fin lícito instrumentos que sólo puedan ser utilizados para agredir y que no tengan aplicación en actividades laborales o recreativas, se le impondrá prisión de tres meses a tres años o de 180 a 360 días multa y decomiso".

los reglamentos de las policías locales, la diferencia en las normas y en los criterios de aplicación promovían la desorganización y evidenciaban la ausencia de un instrumento de regulación eficaz.

El 21 de octubre de 1971 el presidente Luis Echeverría Álvarez reformó el artículo 10: "Los habitantes de los Estados Unidos Mexicanos tienen derecho a poseer armas en su domicilio, para su seguridad y legítima defensa, con excepción de las prohibidas por la ley federal y de las reservadas para el uso exclusivo del Ejército, Armada, Fuerza Aérea y Guardia Nacional. La ley federal determinará los casos, condiciones, requisitos y lugares en que se podrá autorizar a los habitantes la portación de armas".[4]

La reforma de 1971 remplaza el concepto anterior de "libertad de poseer" por el más restrictivo de "derecho de poseer", delimita el derecho de la posesión al domicilio de los ciudadanos y suprime la frase "armas de cualquier clase". Además, centraliza el control de las armas al establecer un único Registro Federal de Armas de Fuego y Control de Explosivos y restringe las licencias para portar armas de acuerdo con los preceptos y las condiciones que establecerá la ley federal, con el fin de limitar la portación de armas entre los ciudadanos.

En la minuta que se leyó durante la discusión de la reforma de la Ley Federal de Armas de Fuego y Explosivos ante las comisiones unidas de Gobernación, Defensa Nacional y Estudios Legislativos, se señala que el propósi-

[4] Constitución Política de los Estados Unidos Mexicanos, artículo 10, publicado en el *Diario Oficial de la Federación* el 22 de octubre de 1971.

to de la nueva legislación es "garantizar la tranquilidad del país, evitar en lo posible hechos de sangre y prevenir el pistolerismo, así como asegurar el respeto a la vida y a los derechos de los habitantes de la nación. Asimismo, se busca proteger a la colectividad del temor y la inseguridad y de los abusos de quienes ponen en peligro a la sociedad y hacen uso de armas con el propósito de atentar contra la vida o el patrimonio de las personas".

Además, se señala que constituye "una respuesta adecuada al clamor público haciendo eco al sentir nacional y coadyuvando a garantizar el orden, la paz y la seguridad de las personas, así como de la colectividad en el país".[5] No obstante, esta declaración contrasta con la percepción de lo descrito por Carlos Román Celis en el único título sobre la cultura de las armas de fuego que se encuentra en la Biblioteca Central de la Universidad Nacional Autónoma de México (UNAM), *El pistolerismo, flagelo nacional,* que relata que las muertes por homicidio en 1965 (más de 5 000) no habían despertado alarma ni siquiera en la prensa de la época pero que tampoco había habido una respuesta de las autoridades legislativas o judiciales para detener la escalada de violencia que el autor atribuye en parte a la facilidad para conseguir un arma, a la ineficacia con que desde el principio se intentó controlar la circulación de armas en el país, así como a la "agresividad a flor de piel" de los mexicanos que generalmente termina en un derramamiento de sangre.

[5] Diario de los Debates de la Cámara de Diputados del Congreso de los Estados Unidos Mexicanos, XLVIII Legislatura, t. II, año II, núm. 43, periodo ordinario de sesiones México, 29 de diciembre de 1971.

En relación con la reforma de 1971, el jurista Diego Valadez comenta en su libro *La Constitución reformada* que la creciente violencia urbana era usual en el país, por lo que la regulación de las armas y su portación debía ser más estricta y quedar bajo control de una entidad que tuviera jurisdicción en todos los estados de la República. Además, el constitucionalista señala que esta reforma se realizó tras una "serie de atentados terroristas, particularmente por el secuestro de connotadas individualidades".[6]

Justamente en las décadas de los sesenta y setenta operaron en México alrededor de 30 guerrillas con casi 2 000 militantes.[7] En su mayoría se decidieron por el camino de las armas tras la violenta represión del Estado o de los grupos en el poder contra los movimientos de oposición. Inicialmente, los movimientos armados mexicanos surgieron en el ámbito rural como parte de la autodefensa campesina contra los grupos oligárquicos y los cacicazgos familiares que detentaban el poder local. Tal es el caso de la lucha armada encabezada por Genaro Vázquez y Lucio Cabañas, de 1967 a 1974, en la sierra de Guerrero. Vázquez fue el fundador de la Asociación Cívica Guerrerense (ACG) y de la Central Campesina Independiente (CCI), organizaciones políticas de oposición al oficialismo, y, posteriormente, ya por la vía armada, la Asociación Cívica Nacional Revolucionaria (ACNR).

A estos grupos se unieron jóvenes provenientes del Partido Comunista Mexicano, inspirados por la teología

[6] Diego Valadez, *La Constitución reformada*, UNAM, México, 1987.

[7] Sergio Aguayo, *La Charola. Una historia de los servicios de inteligencia en México*. Grijalbo -Raya en el Agua, México, 2001.

de la liberación, la Revolución cubana y las guerrillas sudamericanas, entre otros. En ese marco, surgieron la Liga Comunista 23 de Septiembre, el mayor movimiento armado urbano, y los antecedentes de la guerrilla actual: las Fuerzas de Liberación Nacional (FLN), antecesor del EZLN, y Unión del Pueblo, del Ejército Popular Revolucionario (EPR).

La falta de instituciones de representación de los intereses ciudadanos y la imposibilidad de la lucha democrática ante la política represiva emprendida por los gobiernos de Gustavo Díaz Ordaz y Luis Echeverría propiciaron el surgimiento de varias organizaciones de la lucha armada: ACNR, Comando Urbano Lacandones, Comité de Lucha Revolucionaria, Fuerzas de Liberación Nacional, Frente Urbano Zapatista, Movimiento de Acción Revolucionaria, Unión del Pueblo, Fuerzas Revolucionarias Armadas del Pueblo y Movimiento de Izquierda Revolucionaria, entre otros.

La violencia oficial y la "guerra sucia" emprendida desde el gobierno contra los movimientos opositores se constató con dos eventos trágicos de la historia reciente: la matanza del 2 de octubre de 1968 en Tlatelolco y la masacre del 10 de junio de 1971 en San Cosme. En la primera, organismos de la sociedad civil, familiares de las víctimas y sobrevivientes que han denunciado las acciones de la guerra sucia declaran que fueron muertos cerca de 400 estudiantes; en la segunda, la participación del grupo represivo del Estado Los Halcones dejó un saldo de 120 estudiantes acribillados.

Durante los dos sucesos había estudiantes armados entre los dirigentes del movimiento. En Tlatelolco se registraron disparos desde los edificios Chihuahua, 2 de Abril, Revolución de 1910, Aguascalientes, Churubusco, ISSSTE y otros. Cuando el ejército tomó los edificios de la unidad habitacional reportó al secretario de la Defensa haber encontrado armas abandonadas, municiones y accesorios.

En respuesta a este contexto, justamente en ese mismo año, 1971, el gobierno de la República se propone controlar por primera vez las armas de fuego que circulan en el país, principalmente las que se encuentran en manos de civiles. Y aunque una legislación restrictiva reduce los niveles de violencia armada, tuvo como respuesta de los ciudadanos mexicanos el súbito aumento de la demanda de armas, que ha permitido consolidar el mercado negro.

El tráfico de armas y su comercio ilegal han ganado notoriedad. Entre las medidas propuestas para detener el problema está la reforma a la Ley Federal de Armas de Fuego y Explosivos que desde 2009 se encuentra en las comisiones de trabajo del Poder Legislativo. La reforma propone modificar el artículo 84 con el fin de incrementar las penas a los funcionarios y a los servidores públicos que colaboren o faciliten el comercio ilegal y el trasiego de armamento, quienes podrían recibir, además de la inhabilitación para ocupar cargos públicos, hasta 90 años de cárcel si se les encuentra responsabilidad. La pena mínima sería de 15 años. También está en discusión la propuesta de extender el castigo a quienes porten, acopien o usen armamento alterando su capacidad, pudiendo alcanzar hasta 30 años de cárcel. Además, podrían imponérsele de tres a 10 años de prisión a quien ingrese armas ilegalmente al territorio nacional, aunque éstas no sean de las que la ley establece como exclusivas del ejército y las fuerzas armadas.

Por otra parte, se reafirma que entre las pistolas de uso exclusivo del ejército se encuentran los "revólveres calibre .357 Magnum y los superiores a .38 Especial, así como pistolas calibre .9 mm. Parabellum, Luger y similares, las .38 Súper y Comando, y las de calibres superiores", ya que hace unos años se solicitó la intervención de la Suprema Corte de Justicia de la Nación para interpretar la redacción poco clara de la ley. Entonces, la Suprema Corte determinó que los particulares no pueden portar ni poseer dichas armas. No obstante, cabe recordar que la portación intensiva de armas de fuego la encabezan los grupos que viven en la ilegalidad y que quebrantan la actual legislación —2000 armas al día burlan los sistemas de control y seguridad del gobierno mexicano—, por lo que, para que la reforma efectivamente limite el trasiego de pertrechos, debe ir acompañada de medidas efectivas de detección y rastreo.

CAPÍTULO III

¿Cómo se consigue un arma ilegal en México?

Existen zonas en las ciudades mexicanas donde todo mundo sabe que se venden armas. Sobre ellas se cuentan historias según las cuales el comprador debe hablar con un contacto que "cree conocer a alguien", y ese alguien lo canaliza a otro, y este segundo pregunta qué busca el eventual comprador y lo conduce a otro que pide ver el dinero. Pero en realidad es más fácil comprar o conseguir un arma de lo que se sospecha: un pariente de un migrante en Estados Unidos, un policía corrupto, ex militares, etcétera. En cualquier parte del territorio mexicano es posible comprar un arma.

El Distrito Federal es la tercera plaza más importante en el país para la venta ilegal de armas de fuego: Tepito, San Felipe de Jesús, La Merced, El Salado, El Hoyo, Santa Cruz Meyehualco, El Molinito, Nezahualcóyotl... La venta en el mercado negro de armas es un secreto a voces, y su renta en Tepito, en la colonia Doctores o en Iztapalapa por 1500 pesos el "trabajo" es una leyenda urbana que autoridades como la Secretaría de Seguridad Pública del

Distrito Federal y la Procuraduría General de la República aseguran que existe.

De las armas ilegales que llegan a la capital del país, 65 por ciento se utilizan en la comisión de delitos y 35 por ciento se adquieren en forma ilegal para protección personal y de los domicilios.[1] El arma preferida de la delincuencia común es una pistola .9 mm,[2] incluidas las réplicas de juguete con las que se comete el 30 por ciento de los delitos en el Distrito Federal.

De acuerdo con un estudio del Consejo para la Ley y los Derechos Humanos Milenio, en el Estado de México se concentran los llamados "hoyos" principales, que son los lugares donde se almacenan las armas de contrabando.

Los Zetas son uno de los grupos que abastecieron inicialmente de drogas y armas a lo que se conoce como el Cártel de Tepito. Pero el "Barrio Bravo" sostiene relaciones con los diferentes grupos y provee de armas a los distintos cárteles. Además del Distrito Federal, Tepito también es distribuidor en el interior de la República como el Estado de México, Morelos, Querétaro y Aguascalientes. En el Barrio Bravo hay 35 puntos detectados de venta de armas y droga. Cada vendedor abastece a un solo cártel, dice uno de los entrevistados por el diario *El Universal* sobre el comercio de armas. Al igual que el resto de la mercancía ilegal, los revólveres, los lanzagranadas, las granadas y las metralletas llegan en camiones de carga y en tráileres que descargan a plena luz del día. En Tepito las

[1] Consejo para la Ley y los Derechos Humanos Milenio.

[2] Arturo Sierra, "Prefieren delincuentes las armas 9 milímetros", *Reforma,* 23 de marzo de 2004.

armas son almacenadas en bodegas y en departamentos equipados con sofisticados sistemas de seguridad y circulan a través de pasadizos entre vecindades, como los que se ubican en las calles de Jesús Carranza, Tenochtitlán y Fray Bartolomé de las Casas. Para el trasiego, las armas y sus componentes se esconden en contenedores dentro de otros productos, como juguetes, aparatos eléctricos, televisores, etcétera, que también se comercializan en Tepito, frecuentemente provenientes de China o de otros países asiáticos.

Uno de los vendedores de pistolas y rifles entrevistado por el *El Universal,*[3] quien se inició en el negocio del comercio de armas después de haber estado en la cárcel, comentó que quincenalmente surte de 20 a 60 armas a uno de los cárteles de la droga del país. Por otra parte, gente de confianza le hace pedidos de una o dos armas. El mismo vendedor asegura que las armas provienen de los Estados Unidos y de otros países como España o Colombia.

Mientras están en la cárcel muchos traficantes de armas ilegales, hacen los contactos para suministrarse de revólveres, rifles de asalto y granadas, y otras armas aún más poderosas; una vez afuera, establecen la red para el trasiego. Otro comerciante de armas afirma que en prisión también estableció contacto con las redes de corrupción que afuera le permiten vender permisos ilegales de la Sedena para la posesión de un arma en 100 000 pesos (8 000 dólares aproximadamente) más el costo de la pistola.

[3] "Rentan armas para matar", *El Universal,* 4 de mayo de 2010.

Otra de las modalidades mediante la cual se puede tener acceso a un arma, aunque no directamente, es contratar a un sicario. El costo de un "trabajo" varía de 30 000 a 300 000 pesos, dependiendo de quién es el objetivo. A los jóvenes matones les cuesta de 1 500 a 5 000 pesos rentar un arma calibre .40 para cumplir con el encargo.[4]

Rutas del tráfico ilegal de armas

La frontera entre México y Estados Unidos, con una extensión de 3 152.90 kilómetros, es una de las más dinámicas. No sólo se ha convertido en el mayor corredor migratorio, sino que concentra en cuatro estados de la Unión Americana y seis entidades federativas de la República mexicana a 13 millones de personas que viven en ambos lados de una frontera con características únicas y una idiosincrasia particular.

Entre los dos países existen 43 puntos de entrada por donde ocurren más de 400 millones de cruces legales de personas al año. Los mexicanos que entran ilegalmente a los Estados Unidos son aproximadamente 400 000 cada año, ya que al menos 1 000 mexicanos diariamente logran cruzar con éxito hacia el territorio estadounidense. Quinientos mil mexicanos más son deportados cada año, aunque muchos vuelven a intentar cruzar la línea. La mayoría de los que migran —87 por ciento, de acuerdo con el Consejo Nacional de Población (Conapo)— lo hacen

[4] "Llevan 'los Zetas' armas a Tepito", *Reforma,* 23 de noviembre de 2009.

en busca de mejores trabajos y porque en México no han encontrado oportunidades laborales que aseguren su bienestar y el de sus familias.

El 90 por ciento de la droga que se distribuye en los Estados Unidos, procedente de Sudamérica, pasa por México. El Departamento de Estado de aquel país calcula que se trafican más de 530 toneladas métricas de cocaína al año; también considera que el aumento de la producción de heroína en México —en 2007 los cárteles mexicanos produjeron 17 toneladas métricas y un año después 27 toneladas métricas—, así como de mariguana y metanfetaminas, ha incrementado los flujos de drogas hacia su país. Los cárteles mexicanos controlan redes de narcomenudeo del lado estadounidense, tienen nexos con pandillas y sicarios, además de tramas de funcionarios y policías comprados en ambos lados de la frontera.

Igualmente, sobre las redes financieras del narcotráfico, el Departamento de Seguridad Interna del Servicio de Inmigración y Control de Aduanas considera que las operaciones de lavado de dinero de los cárteles mexicanos alcanzan una suma de 19000 a 29000 millones de dólares anuales. El 90 por ciento ingresa en efectivo de los Estados Unidos a México y casi el 50 por ciento se integra al sistema financiero.[5]

Esta intensa relación de comercio ilícito también tiene su contraparte en la legalidad: los Estados Unidos son el principal socio comercial de México. Por su parte, México

[5] Silvia Otero, "EU: cárteles lavan hasta 29 mmdd", *El Universal,* 3 de junio de 2010.

es el tercero, después de Canadá y China, con 650 millones de dólares al día en transacciones comerciales.

Alguna parte de este comercio tiene que ver con las transferencias legales de armas de fuego. Los Estados Unidos son el principal productor y exportador de armas en América. Las transferencias de armamento que llegan a Latinoamérica crecieron 150 por ciento durante los últimos cinco años,[6] tanto por el incremento en el gasto militar de los países, como por el aumento en órdenes de compra de armas en la región. Las transferencias legales de armas provienen del país del norte en 33.2 por ciento del total, seguido por Israel con 10.4 por ciento y Sudáfrica con 8.6 por ciento.[7]

El principal exportador de armas a México en 2008 fueron los Estados Unidos con un presupuesto de 13 556 970 dólares, seguido por Italia y Alemania.

CUADRO III.1. *Gasto militar en México, 1999-2008*[a].

1999	*2000*	*2001*	*2002*	*2003*	*2004*	*2005*	*2006*	*2007*	*2008*	*2008*[b]
3 240	3 344	3 310	3 199	3 191	3 076	3 123	2 929	3 931	3 938	4 333

[a] Las cifras están calculadas en miles de dólares estadounidenses a los precios constantes de 2005, con excepción de la última columna, que está en precios de 2008.

[b] SIPRI, Base de datos de gastos militares, http://milexdata.sipri.org/.

[6] Instituto Internacional de Investigación para la Paz de Estocolmo (SIPRI), *Reporte de SIPRI sobre Transferencia Internacional de Armas,* Estocolmo, Suecia, marzo de 2010.

[7] Diego Fleitas, *El tráfico de armas en Latinoamérica: características y problemas de las exportaciones e importaciones de armas y municiones entre 1994 y 2006*, Asociación para Políticas Públicas, Buenos Aires, 2008.

CUADRO III.2. *Importaciones de armas a México en 2008*[a].

Tipo de armamento	*Unidades*	*Costo (dólares)*
Cañones, morteros y similares	4099	6091032
Lanzagranadas, lanzallamas y otros	242	1398080
Partes y accesorios para armas militares		842664
Bombas, granadas, municiones, minas y otros		857054
Rifles militares, ametralladoras y otros	7498	8414799
Partes y accesorios para revólveres o pistolas		795792
Partes y accesorios para escopetas y rifles		4129521
Perdigones para pistolas de aire, balas de plomo y partes de cartuchos de escopetas		2606270
Cartuchos de escopeta		1690247
Municiones para armas pequeñas		2057669
Pistolas y revólveres	33872	16808747
Escopetas para cacería y tiro deportivo	3418	2457795
Rifles para cacería y tiro deportivo	1080	853488
Partes y accesorios para armas pequeñas y ligeras		38010
	50209	49041168

[a] Base de datos Norwegian Initiative on Small Arms Transfers.

Los otros países que exportaron armas y sus componentes a México son Turquía, Brasil, China, Suecia, Rusia, Reino Unido, entre otros. Los lanzagranadas provinieron de Sudáfrica y las bombas, las granadas, las minas y otras municiones militares principalmente de los Estados Unidos y de Israel, pero también de Canadá, China, Francia y Alemania.

La importancia de las transferencias legales de armas radica en que a menudo estas armas adquiridas en el marco de la legislación nacional que regula la venta, el uso, la fabricación y el comercio de armas de fuego llegan a for-

GRÁFICA III.1. *Países exportadores de armas a México.*

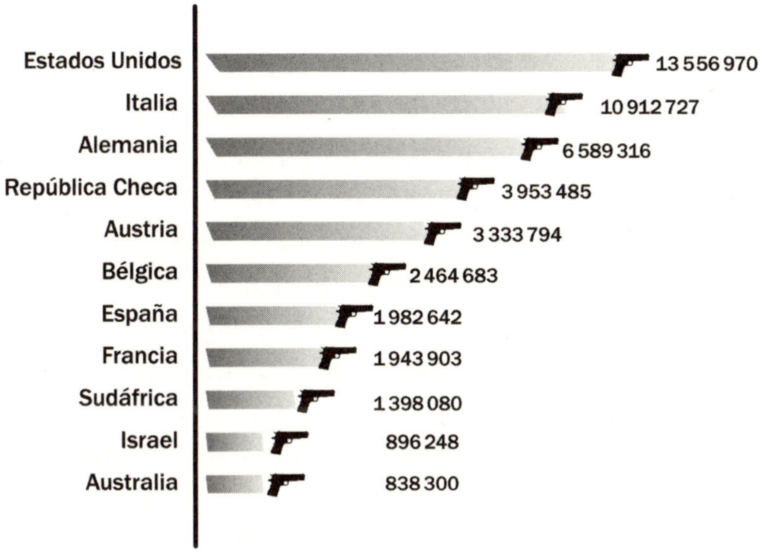

mar parte del mercado negro y el tráfico ilícito a través de diversos mecanismos, como el abastecimiento de armas del gobierno para agentes no estatales, la violación al compromiso de no transferencia, el encubrimiento de la identidad del usuario final, el robo, la corrupción de funcionarios y de agentes de fuerzas armadas y de seguridad nacional autorizados y, finalmente, el comercio hormiga, todas estrategias mediante las cuales armas compradas legalmente por un país son transferidas por partes o en pequeñas cantidades a otras naciones.

Décadas atrás algunos medios de comunicación reportaron la eventualidad del tráfico de armamento desde las filas de las fuerzas armadas. Por ejemplo, en 1994, el subteniente de la Fuerza Aérea José Raúl Vargas Cortés, quien se desempeñaba como titular del Depósito de Abastecimientos Técnicos de la Fuerza Aérea Mexicana en la base militar de Santa Lucía, Estado de México, descubrió que 40 toneladas de armamento adquirido por la Sedena a los Estados Unidos, transportadas en aviones militares, habían sido entregadas a narcotraficantes. Tan sólo unos meses después, Vargas Cortés apareció muerto.[8] En 1996, en otro caso, se localizaron en manos de narcotraficantes cargamentos de armas —16 000 pistolas y 6 000 rifles— que originalmente habían sido embarcados como una compra del ejército mexicano.[9]

Además, en fechas más recientes se ha evidenciado la corrupción entre funcionarios, así como la compra sistemática por parte del crimen organizado de agentes aduanales, autoridades y funcionarios locales y federales, así como de policías municipales, estatales y federales. No obstante, varios expertos concuerdan con que en este momento las armas adquiridas por el ejército mexicano no son la principal fuente que alimenta al crimen organizado ni acrecienta la proliferación de armas en el país.

[8] José Guerrero Jalomo, "Posible tráfico de armas en el Ejército", *Forum,* núm. 188, mayo de 2009, y Jorge Alejandro Medellín, "Operación Casiopea… Tráfico de armas y…", *Eje Central,* 17 de noviembre de 2009, http://columnas.ejecentral.com.mx/deordensuperior/2009/11/17/operacion-casiopea…trafico-de-armas-y-…/.

[9] Lumpe Lora, *Tráfico de armas: el mercado negro mundial de armas ligeras,* Zed Books, Reino Unido, 2000. Versión en español: Intermon Oxfam, febrero de 2004, España cita el artículo "Grupos de traficantes de drogas de México 'promocionan' tráfico de armas", *La Jornada,* 27 de septiembre de 1996.

¿Entonces de dónde vienen las armas?

Casi 2000 armas de fuego entran diariamente a México procedentes principalmente de los Estados Unidos. Al año, en territorio mexicano hay por lo menos 300000 nuevas armas, según información obtenida por la Oficina de Alcohol, Tabaco, Armas de Fuego y Explosivos de Estados Unidos. De 2000 a 2008 entraron al país cinco millones de armas ilegales.

La Procuraduría General de la República considera que el mayor tráfico de armas en México está vinculado con actividades del narcotráfico. No se ha detectado ninguna organización extranjera ni mexicana que se dedique exclusivamente al tráfico de armas y sólo se han descubierto personas que realizan esta actividad individualmente. Pero se han detectado individuos, así como por lo menos 20 bandas y pandillas estadounidenses que, aun sin ser parte formal de la estructura de los grupos del crimen organizado dedicado al narcotráfico, se han involucrado con los cárteles de Tijuana, de Sinaloa, del Golfo y de Juárez para la distribución de droga en 250 ciudades, principalmente al menudeo. De estas mismas redes surgen muchos contactos involucrados en la compra de armas en los Estados Unidos, los "compradores de paja", como denomina la Oficina de Alcohol, Tabaco, Armas y Explosivos a las personas que prestan su nombre para adquirir legalmente armas de fuego en cantidades menores.

En relación con las redes de traficantes de armas, en noviembre de 2009 se publicó el reportaje "Los Árabes y el tráfico de armas. De Playa Bagdad a Frontera Hidalgo" en la revista *Milenio Semanal,*[10] en el que se denuncia la existencia de Los Árabes, un grupo organizado de aproximadamente 20 individuos dedicado a abastecer de armamento a los Zetas, según información de grupos de inteligencia del ejército mexicano. Esta información, confirmada por el periodista Jorge Alejandro Medellín con militares, se contrapone con lo sostenido en los informes oficiales que publicaron conjuntamente la Sedena y la Procuraduría General de la República con las otras dependencias responsables de la seguridad nacional.

Medellín señala que Los Árabes operan, con base en Tamaulipas, en todo el Golfo de México y en la frontera con Guatemala. Aun cuando tienen contactos en Europa y Asia, una parte importante de sus suministros los consiguen en los Estados Unidos, donde cuentan "con papeles, documentación legal y recursos limpios" para obtener el armamento. Además, la organización tiene una red de autoridades aduanales compradas y protección policiaca en ambos lados de la frontera. No obstante, no se sabe de este grupo delictivo porque "no existen fotos de ellos ni se conocen los alias de sus jefes o cabecillas. Sólo se sabe que existen y que su trabajo es amplio y efectivo, pero es materialmente imposible ubicarlos o conocer más detalles sobre sus movimientos".

Las principales ciudades por las que se introducen las armas de fuego a México son Tijuana, Mexicali, San Luis

[10] Jorge Alejandro Medellín, "Los Árabes y el tráfico de armas. De Playa Bagdad a Frontera Hidalgo", *Milenio Semanal,* núm. 628, 1° de noviembre de 2009.

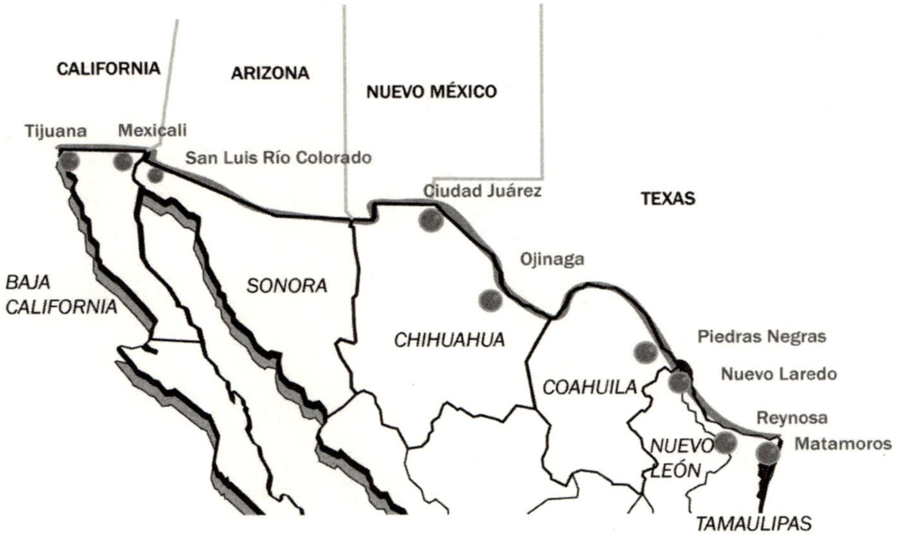

MAPA III.1. *Principales ciudades por las que se introducen las armas de fuego a México.*

Río Colorado, Ciudad Juárez, Ojinaga, Piedras Negras, Nuevo Laredo, Reynosa y Matamoros. Pero también se introducen mercancías de contrabando y personas indocumentadas, tanto por los 19 cruces de paso formales como por los innumerables pasos ilegales (la Procuraduría General de la República contó 300 brechas tan sólo en Chihuahua) a lo largo de los 3 152 kilómetros de frontera con los Estados Unidos. En relación con el tráfico de armas, algunos investigadores señalan que puede haber alrededor de 125 puntos principales de intercambio en la frontera norte.[11]

En los años más recientes, la Oficina de Alcohol, Tabaco, Armas de Fuego y Explosivos, gracias al aseguramiento de armas en su tránsito a México, identifica entre las principales utilizadas por los narcotraficantes las pistolas .9 mm, las .38 Súper, las escuadras 5.7 mm conocidas como "matapolicías", las calibre .45 y los diferentes modelos de subametralladoras AR-15 y AK-47.

Contrabando hormiga y aduanas

Ann Zárate y Katrina Wickett son sólo dos casos de una tendencia registrada en los últimos años: los grupos que introducen armas ilegales a México contratan mujeres para comprar armas legalmente en los Estados Unidos.

Aunque la Oficina de Alcohol, Tabaco, Armas de Fuego y Explosivos no tiene una cifra, su oficina en Houston

[11] Entrevista de la autora con Martín Barrón.

afirma que va en aumento la participación de las mujeres en la adquisición de armas de fuego. Reiteradamente estas mujeres son jóvenes, como Ann y Katrina, ambas menores de 25 años; algunas embarazadas, madres solteras o divorciadas; abandonadas por sus maridos con hijos pequeños, como en el caso de Katrina; otras, mujeres de la tercera edad. Tienen en común un físico que no despierta sospechas y un pasado sin antecedentes penales. Todas saben que realizan un acto ilegal, aunque frecuentemente no saben para quién lo hacen. En ocasiones, son sus esposos, parejas sentimentales o parientes quienes les piden que compren armas y las remuneran con 50 a 100 dólares por cada operación.

Las mujeres compran armas para personas que no pueden hacerlo, en general hombres que no cuentan con la ciudadanía estadounidense o que tienen antecedentes criminales o denuncias de violencia doméstica. Las armas que compraron legalmente son localizadas en eventos relacionados con el crimen organizado, sin que ellas supieran que se utilizarían en algún acto ilícito.

Lo cierto es que la modalidad preferida por los traficantes de armas —según la Procuraduría General de la República— para introducir a México la mercancía a través de los 19 cruces de paso formales en la frontera con los Estados Unidos es comprarlas a ciudadanos norteamericanos o residentes legales que las adquieren de manera lícita en el país del norte, mediante un pago módico de 50 a 100 dólares, y que posteriormente cruzan a México en vehículos terrestres donde las ocultan en las llantas de refacción, en el respaldo de los asientos, en huecos hechos especialmente en las carrocerías de los coches, en hieleras, dentro de juguetes y muebles o en diferentes artículos, etcétera.[12]

Por ejemplo, en noviembre de 2009 en el Puente 2 Juárez-Lincoln los agentes aduanales de Laredo, Texas, aseguraron armas por 16 000 dólares que un ciudadano norteamericano residente en Minessota transportaba dentro de un sofá en una minivan. Las armas decomisadas fueron nueve pistolas de diversos calibres, cuatro carabinas y un AR-15 con mira telescópica, además de 200 municiones.

La Oficina de Alcohol, Tabaco, Armas de Fuego y Explosivos de Houston ha detectado a integrantes de los Zetas y afirma que este grupo cuenta con personas que les compran armas en los Estados Unidos y que también contratan sicarios del otro lado. La oficina federal asegura que los cárteles tienen una red de 30 a 40 personas en distintos vecindarios de Houston, Dallas, El Paso o San Antonio. A estos ciudadanos estadounidenses les pagan en promedio 500 dólares por comprar de tres a cinco armas y 100 dólares adicionales por cada caja de municiones. Reúnen las armas y cuando hay un número considerable, las ocultan en vehículos para ingresarlas a territorio mexicano. La Oficina de Alcohol, Tabaco, Armas de Fuego y Explosivos considera que 90 por ciento de las armas que compran los cárteles cruzan la frontera de ese modo. En general las armas de alto poder son introducidas por mar, a través de los puertos de Veracruz, Michoacán o Manza-

[12] Gobierno Federal (PGR, Sedena, SSP, Segob, Semar), *Tráfico de armas México-EUA,* noviembre de 2008.

nillo. Ocasionalmente también por avión, incluso en vuelos comerciales, empaquetadas en cajas junto con otros productos y declaradas como artículos legales que son abandonadas si despiertan sospechas o si los aviones son registrados. Sin embargo pasan, porque no se revisa la totalidad de los vuelos nacionales.

El jueves 26 de marzo de 2009 fue sentenciado a 10 años de cárcel Emmanuel Ramírez, un residente de Brownsville que organizó a un equipo de 13 personas, entre ellas Ann Zárate, para comprar armas en tiendas del sur de Texas a fin de contrabandearlas a México. Ramírez movilizó a Carlos García para que a su vez éste reclutara a otros compradores: Bryant Guillén, Efraín Villarreal, Roque Briagas, David Lucas y Ann Zárate. David Lucas, a su vez, trajo a Adrián Molina, Elton Vásquez, John Rodríguez y Encarnación Pérez. Por su parte, Bryant Guillén convenció a Juan Olvera, Zacarías García y Jesús Martínez.

Ramírez le dio a Carlos García el dinero y las instrucciones sobre qué armas adquirir. El grupo compró en total 77 armas de fuego. Todas fueron introducidas a México.

En la mayoría de los estados norteamericanos, cualquier persona puede comprar rifles y pistolas mientras no tenga antecedentes penales o su ingreso al país sea ilegal.

Existen 60 000 armerías particulares con licencia expedida por la Oficina de Alcohol, Tabaco, armas de Fuego y Explosivos. Cerca de la frontera con México, en Texas, es más fácil comprar un arma que surtirse de gasolina, porque la mayor concentración de establecimientos legales en los que se venden armas está justamente en los estados fronterizos: en California hay 2 259 establecimientos;

MAPA III.2. *Rutas del tráfico de armas y cárteles que controlan cada región.*

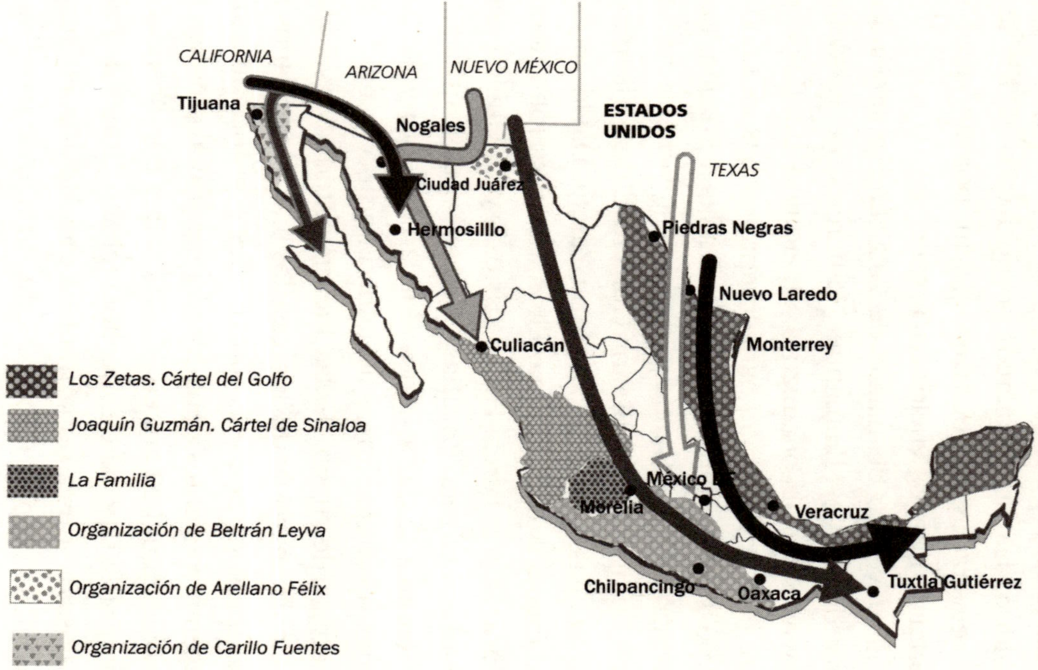

en Arizona, 1449 compañías; en Nuevo México, 662 armeros formales, y en Texas, que se lleva el título ganador, 4990 armerías. En total existen 9360 armerías en la zona fronteriza, sin contar las ferias denominadas "Gun Shows" que se celebran en esos estados y donde se lleva a cabo de 30 a 40 por ciento de las operaciones comerciales. El 40 por ciento de las armas rastreadas, después de haber sido introducidas ilegalmente a México, provienen de Texas. Houston, Dallas y McAllen son las tres ciudades texanas que proveen a México de armas en mayores cantidades. En segundo lugar, California, con 18 por ciento de los rastreos, y Arizona con 10 por ciento.[13]

La Oficina de Alcohol, Tabaco, Armas de Fuego y Explosivos ha descubierto que empresas legalmente constituidas para la venta de armas han alterado los registros para ocultar la identidad de sus compradores, mientras que otros simplemente no verifican la información.[14] Sólo siete estados de la Unión Americana (California, Rhode Island, Connecticut, Oregon, Nueva York, Illinois y Colorado) obligan a los vendedores en los Gun Shows a verificar los antecedentes de los compradores en cualquier transacción. Hawai, Maryland, Nueva Jersey y Pennsylvania requieren la verificación de antecedentes en las compras de armas cortas pero no en las de armas largas. Massachusetts, Michigan, Carolina del Norte, Iowa y Nebraska solicitan tramitar un permiso para las armas cortas, mientras

[13] Franceska Perot, vocera de la Oficina de Alcohol, Tabaco, Armas de Fuego y Explosivos de Texas, entrevistada por el *Houston Chronicle*, 24 de abril de 2009.

[14] Jorge Chabat. Datos antiguos de los ochenta.

que otros 17 estados llevan registros estatales de las ventas en las ferias de armas. No obstante, 33 estados —por ejemplo, Arizona— no restringen de ninguna manera los intercambios entre particulares en los Gun Shows, lo cual atrae a los compradores en situación irregular. Además, muchos estados se amparan en la Segunda Enmienda de la Constitución norteamericana para no proporcionar datos sobre las adquisiciones de armas para los programas de rastreo, independientemente de la legislación estatal.

Una sentencia bastante menor —de menos de la mitad de la que le fue impuesta a Emmanuel Ramírez— obtuvo Juan Pablo Gutiérrez de 24 años. Gutiérrez y otras 22 personas compraron armas de fuego durante 15 meses en un suburbio de Houston, Texas. Juan Pablo aseguró no saber para quién adquiría las armas, pero la investigación encontró un nexo con un primo cuyo suegro era el capo Osiel Cárdenas Guillén. Durante el tiempo que duró la operación, 23 personas gastaron 366 000 dólares y compraron 339 armas de fuego, de las cuales 71 fueron recuperadas en México, cinco en escenarios de crímenes en lugares tan lejanos de Texas como Acapulco o Campeche y tres en Guatemala. Por lo menos 48 de esas armas de fuego están vinculadas con algún homicidio: 17 muertes de policías y 31 muertes de integrantes de grupos ligados al narcotráfico. Tres años después de que comenzara la operación de Gutiérrez, esas mismas armas siguen ocasionando muertes y siguen apareciendo en nuevos crímenes casi cada semana.

Cuando en 2008 se reforzó la cooperación entre México y los Estados Unidos para el rastreo, el director interino de la Oficina de Alcohol, Tabaco, Armas de Fuego y Explosivos, Michael Sullivan, señaló en la Quinta Conferencia Anual de Seguridad Fronteriza que entre 90 y 95 por ciento de las armas confiscadas en México a grupos criminales tenían origen estadounidense. No obstante, sólo una parte muy pequeña de las armas recuperadas en delitos se someten al rastreo, y de éstas, un porcentaje aún menor (alrededor de 15 por ciento de los aseguramientos) se rastrean con éxito en el sistema e-Trace, un sistema de rastreo de armas del Centro Nacional de Localización de la Oficina de Alcohol, Tabaco, Armas de Fuego y Explosivos. A partir de este año comenzó a funcionar la versión bilingüe, conocida como Spanish e-Trace, la cual permitirá que las autoridades mexicanas tengan acceso al sistema y unificará los criterios para cotejar los pertrechos decomisados.

El tráfico de armas no es un problema reciente: en 2008 la Comisión de Justicia del Poder Legislativo consideró que el tráfico de armas es posible por "la corrupción de los funcionarios públicos aduanales".[15] Lo cierto es que la porosidad y la permisividad de las aduanas, aunque se ha tratado de evitar, prevalece y continúa alimentando el mercado de mercancías ilegales, como el de las armas de fuego. Las aduanas nacionales decomisaron sólo 2 por ciento de las armas ilegales que ingresaron al país en 2009.

Cada día 230 000 vehículos cruzan la frontera hacia México. Sólo 10 por ciento de los automóviles son inspeccionados. Mientras que en los Estados Unidos se rastrean

[15] "Trafican 2 mil armas a diario en México: diputados", *El Universal*, 26 de octubre de 2008.

las matrículas de los vehículos sospechosos y se pesan, en México las revisiones se llevan a cabo al azar, de acuerdo con un semáforo que enciende luz verde para seguir y roja para inspección. Cruzar la frontera en cualquiera de los sentidos, en coches nuevos y sin antecedentes criminales, asegura la llegada de la mercancía, así sean drogas o personas, al menos en lo que respecta a la aduana mexicana. Durante el último año se ha invertido en el Sistema de Supervisión y Control Vehicular (Siave), con la esperanza de detener efectivamente el tráfico de drogas, migrantes, pero sobre todo armas y dólares del narcotráfico.

El Siave, que cuenta con una báscula instalada en el suelo, pesa el vehículo, toma una fotografía y registra los datos de las placas, a fin de que sus datos puedan ser verificados con la Aduana de Estados Unidos. No obstante, el sistema ha presentado fallas y algunos usuarios han asegurado que el tránsito por las aduanas sigue siendo guiado por los funcionarios y por el tradicional semáforo que pone luz verde para permitir el acceso y roja para realizar una revisión. Además, a menudo las armas viajan escondidas en el interior de televisores, DVD u otros enseres en cantidades menores que no permitirían detectar el incremento del peso.

Diariamente cruzan la frontera de los Estados Unidos hacia México aproximadamente unos 34 000 tráileres; otros tantos regresan vacíos. En las aduanas del país sólo se revisa 10 por ciento de la mercancía y a 5 por ciento de los pasajeros que cruzan la frontera. Apenas en 2009, la Administración General de Aduanas incrementó la revisión de los cargamentos a 15 por ciento. El 85 por ciento de los tráileres que pasan sin revisión tardan, desde la entrada hasta la salida de la aduana, de 10 a 15 minutos, mientras que el tiempo de cruce de los embarques en los que se someten a revisión los contenedores es de poco menos de tres horas para la mayoría de los transportistas; pero en ocasiones puede ser mucho más que eso. Antes de la implementación del nuevo sistema, la iniciativa privada denunció que los tráileres con fuselajes podían perder de dos a tres días en las revisiones. Pero cualquiera que sea el tiempo que tarden en cruzar, es suficiente para que se reporten pérdidas de mercancía.

En Nuevo Laredo y en Ciudad Juárez se juntan las rutas del tráfico de armas y los cruces fronterizos con mayor afluencia: por Nuevo Laredo cruzan 14 000 tráileres y camiones diariamente; por Ciudad Juárez, 7 500. En Nuevo Laredo, cada uno de esos 14 000 tráileres debe pagar 1 200 dólares por derecho de piso a los Zetas para no arriesgarse a que el vehículo desaparezca, independientemente de que la mercancía que traiga sea legal o no.

Cuando es ilegal, cruzar "negrito" es la única opción para introducir la mercancía a través de los puntos de revisión en las aduanas. Algunos agentes aduanales cruzan "negrito" y todos saben con quién mandar a la persona que quiere cruzar mercancía ilegalmente. Cruzar a México la mercancía sin papeles cuesta 800 dólares por pie. El costo de pasar a territorio mexicano en "negrito" una caja de un tráiler de 53 pies que puede cargar hasta 26 toneladas llena de armas o de cualquier mercancía sin que hagan preguntas es de aproximadamente 60 000 dólares, inversión que se recuperaría fácilmente teniendo en cuenta que, de este lado, el precio de un AK-47 en el mercado negro más hacia el centro del país es de 1000 dólares.

Los contenedores con los arsenales de los grupos de la delincuencia organizada cruzan también utilizando la intimidación.

Un empleado del puente aduanal que estaba de guardia, cuyo salario mensual es de poco menos de 10000 pesos (800 dólares aproximadamente), narra que se encontraba solo cuando se acercó un joven en bicicleta. Lo saludó amablemente por su nombre, aunque no lo conocía; le dijo que sabía cuál era su domicilio, los nombres de los integrantes de su familia y lo que hacían cotidianamente. Le extendió un fajo de billetes y le dijo que dejara el lugar de vigilancia durante 10 minutos. Más que la ambición, el miedo no le dejó más opción que obedecer.[16]

Entre tres y cuatro personas son detenidas diariamente en las aduanas nacionales por intentar introducir armas al país. Las armas viajan escondidas entre la mercancía, en cajas de cartón embaladas como otros productos, en compartimentos hechos especialmente en los vehículos, en hieleras y dentro de otros artículos como muebles, juguetes o aparatos eléctricos.

El 23 de noviembre de 2009 se detectaron y aseguraron cinco pequeñas cajas con casi 3000 cartuchos calibre .22 en la aduana de Nuevo Laredo. Dos personas de origen mexicano viajaban en un vehículo *pick up* con placas del estado de Texas, arrastrando un remolque cerrado. El conductor se formó en el carril para autodeclarar. Rindie-

[16] Entrevista con fuente periodística que solicitó el anonimato.

ron su autodeclaración y pagaron los impuestos correspondientes, aproximadamente 5000 pesos (387 dólares). Les tocó la luz verde del semáforo. El conductor del vehículo y su acompañante casi cantaban victoria. Entonces los agentes aduanales determinaron que la declaración no correspondía con la carga del vehículo y aplicaron una orden de verificación de mercancía en transporte. Durante la revisión física encontraron los cartuchos.

De 2006 a 2007 en las aduanas se decomisó sólo 2 por ciento de las armas de origen ilícito que el gobierno federal incautó en sus distintos operativos contra la delincuencia organizada. Las personas detenidas con armas generalmente se niegan a declarar y dicen desconocer que traían consigo las armas o aseguran que alguien se las dio, sin especificar su procedencia.

Muchos suministros militares y armamentos de calibres mayores, como granadas de fragmentación o lanzacohetes, que en los Estados Unidos son considerados "dispositivos de destrucción", y por tanto son más difíciles de conseguir, ingresan a territorio mexicano por mar y a través de la frontera sur provenientes de las reservas de los ejércitos de otros países o de transferencias legales que se han realizado para zonas de conflictos armados, de acuerdo con información de la Oficina de Alcohol, Tabaco, Armas de Fuego y Explosivos de Houston. Además, se ha reforzado la vigilancia en la frontera entre los Estados Unidos y México, pues se ha considerado la principal puerta de entrada de armamento a territorio mexicano, lo que ha llevado a los traficantes a buscar rutas alternas para introducir las mercancías a través de la frontera con Guatemala y Belice. El origen del armamento con frecuencia es estadounidense, pero también de países europeos (Alemania, Francia, Bélgica, España), asiáticos (China) y otros, como Rusia e Israel. Las armas vienen desde Asia o Europa y generalmente llegan a Centroamérica: Guatemala y Nicaragua son los dos países en los que se han encontrado más vacíos en la vigilancia. Desde estos países se distribuyen a la región, principalmente hacia Colombia, los cárteles de Río de Janeiro y Sao Paulo o los cárteles mexicanos.

La armada de México también ha confirmado la introducción al país de drogas y armas por medio de buques pesqueros y en contenedores en transportes marítimos, gracias a las dificultades para la detección y el aseguramiento de las armas debido al incesante flujo de mercancías en los puertos. Los principales puertos por donde se introducen mercancías ilegales son el de Veracruz y Lázaro Cárdenas. Una vez en territorio mexicano, estos contenedores se distribuyen hacia el centro y hacia el norte del país por vía terrestre.

La frontera sur de México tiene una extensión de 1 149 kilómetros que colinda con los estados de Chiapas, Tabasco, Campeche y Quintana Roo. Las características geográficas de la zona, en la que predominan los terrenos irregulares, ríos, selva y salidas al Océano Pacífico en al menos 10 municipios, además de los controles insuficientes, las instalaciones precarias y la falta de recursos materiales y humanos para vigilar la frontera —no hay radares, ni sensores de movimiento, ni agentes suficientes para patrullar las zonas de cruce—, junto con la corrupción de funcionarios, permite el tránsito de indocumentados y el trasiego ilegal de drogas, dinero o armamento, así como el contrabando de maderas y la trata de personas. Existen nueve puntos fronterizos formales, pero se considera que puede haber más de 40 cruces informales de automóviles, entre ellos el de Santa Teresa Llano Grande-Guailá, en el que se registra un tránsito diario de por lo menos 100 vehículos, y más de 350 puntos de cruce de personas indocumentadas.[17] Se calcula que por cada persona detenida sin documentos, tres más entran a territorio mexicano sin que las autoridades se percaten.[18]

Guatemala se ha convertido en un punto de creciente trasiego ilegal de armas y municiones. Este país centroamericano, según el Informe de Desarrollo Humano del PNUD de 2009, es el más armado de la región, no solamente porque en los últimos siete años ha importado armamento por un monto de 59.3 millones de dólares, sino por el 1 800 000 armas de fuego[19] que circulan ilegalmente entre la población de 11 500 000 habitantes que tiene el país, además de las más de 400 000 que se encuentran registradas legalmente ante la Dirección General de Control de Armas y Municiones para defensa personal.

Una gran parte del tráfico que cruza por la frontera sur corresponde a las armas que ingresaron a Centroamérica durante las guerras civiles y que no fueron utilizadas, pero también al tránsito del mercado negro que alimenta

[17] Rodolfo Casillas, investigador de la Facultad Latinoamericana de Ciencias Sociales (Flacso), citado en Silvia Garduño, "Facilita frontera sur la trata de personas", *Reforma,* 27 de febrero de 2009.

[18] Auditoría Superior de la Federación, 2007.

[19] Instituto de Enseñanza para el Desarrollo Sostenible, Guatemala.

la guerrilla de Colombia y de otros conflictos bélicos de América Latina. De este mercado negro, un alto porcentaje son armas que originalmente formaron parte de los suministros militares y de las transferencias legales, lo cual es posible gracias al escaso control de las armas por parte de algunos estados, como en el caso de Venezuela. Prueba de estas transferencias de armas de los suministros militares al mercado negro son las declaraciones que desde 2006 realizó la Comisión Parlamentaria del Congreso de Brasil cuando emprendió una investigación sobre contrabando de armas después de que consiguió pruebas de que los "traficantes brasileños hacían referencia a la forma en que adquirían armas y municiones y se referían a oficiales militares de otros países, entre ellos de Surinam, Paraguay, Uruguay, y también a oficiales del ejército argentino".[20]

En la frontera sur de México los tres puntos con mayor porosidad son el Soconusco (municipios de Frontera Hidalgo, Suchiate y Metapa), La Mesilla (Jocote y Cuauhtémoc) y la Frontera Corozal (Benemérito de las Américas y Unión Juárez).[21] No obstante, muchas otras áreas son consideradas zonas inseguras, como el cruce de Tenosique-El Ceibo, que fue cerrado temporalmente en julio de 2009 porque autoridades guatemaltecas sospechaban que ahí se llevaba a cabo la venta ilegal de armas de fuego entre los comerciantes de la zona. Desde estas áreas, el armamento sigue las rutas empleadas para el tráfico de drogas

[20] Agencia periodística del Mercosur.

[21] Policía Estatal Fronteriza, Horacio Schroeder Bejarano.

Mapa iii.3. *Frontera sur: principales entradas de armamento ilegal.*

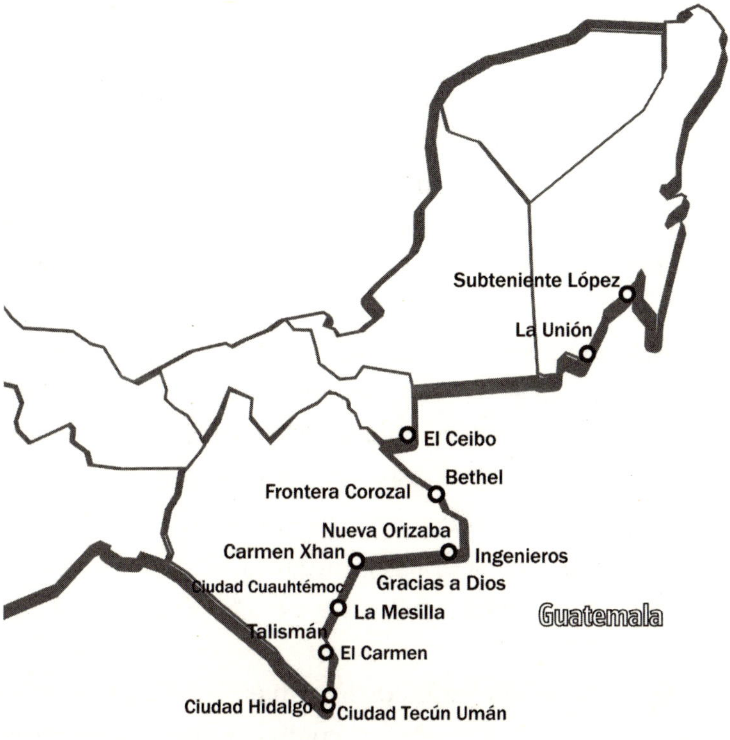

y personas: una ruta va hacia Veracruz, Tabasco y Campeche; otra sigue la costa del Pacífico, y una más sigue a lo largo del Golfo de México hacia el norte.

Balancán y Tenosique, municipios de Tabasco, también forman parte de las principales rutas que llevan armamento ilegal, estupefacientes y personas, hacia Veracruz y Oaxaca. De las 32 comunidades de estos dos municipios que colindan con Guatemala, en 18 se guardan las armas antes de que inicien su recorrido hacia el norte del país.

El armamento llega a Guatemala por tres rutas: la principal es la que viene de los Estados Unidos por aire o por mar. Es la misma por la cual los narcotraficantes colombianos llevan la droga a los Estados Unidos desde su país y que provee de armas de grueso calibre a la guerrilla colombiana y a los cárteles brasileños. Las otras vías son Honduras y Nicaragua, esencialmente contrabando hormiga por tierra y por aire, por medio del cual dejan caer las mercancías con paracaídas sobre el territorio objetivo.

En Guatemala se consigue un AK-47 usado desde 3800 pesos mexicanos aproximadamente (312 dólares) mientras que un AR-15 en 3000 pesos (250 dólares) y una granada en 457 pesos (37.5 dólares).[22] Un rifle de asalto automático nuevo, de fabricación estadounidense y equipado con linterna, mira telescópica y cargador de 100 cartuchos, puede conseguirse por poco más de 15000 pesos (1250 dólares).

En "Los Árabes y el tráfico de armas. De Playa Bagdad a Frontera Hidalgo" se señalan cuatro puntos principales donde se lleva a cabo el tráfico de armas en la frontera con Guatemala: Miguel Alemán, Benito Juárez, La Herradura y Dorado Nuevo.

Como ejemplo del tráfico de armamento de grueso calibre y antiblindaje que se introduce a México, en marzo de 2009 militares localizaron en un reducto guerrillero, en la zona del Ixcán, en el departamento de Quiché, en Guatemala, 500 granadas que aparentemente iban a ser trasla-

[22] L. Cereser y C. Orantes, "Se incrementa el tráfico de armas hacia Guatemala", *Prensa Libre de Guatemala,* 23 de febrero de 2009.

dadas a un cártel mexicano, posiblemente a los Zetas. En los aseguramientos a los grupos delictivos, además de granadas de fragmentación, también se han encontrado dispositivos militares tipo antitanque: lanzacohetes M-72, AT-4 y RPG-7; ametralladoras antiaéreas Barret calibre .50 con visor telescópico; lanzagranadas MGL; lanzagranadas ajustables calibres 37 y 40 mm; granadas de 37 y 40 mm; pistolas de las denominadas *five-seven*, subametralladoras y rifles de asalto automáticos.

Un mes más tarde, en abril de 2009, agentes de la policía de Guatemala se enfrentaron con un grupo de supuestos narcotraficantes en una bodega a 30 kilómetros de Antigua. Se decomisaron 584 granadas que procedían de bases militares guatemaltecas.

Durante 2009 en México se reportaron eventos en los que se utilizaron granadas en contra de representantes y oficinas de policía, consulados estadounidenses, presidencias municipales, entre otros, por lo menos en 10 estados de la República. En pocos incidentes se ha corroborado el origen del armamento; sin embargo, en octubre de 2008 una granada que no explotó fue lanzada al consulado de los Estados Unidos en Monterrey y algunos meses más tarde, en enero de 2009, un comando arrojó otra en las instalaciones de Televisa Monterrey. Con tan sólo dos semanas de diferencia, un sujeto intentó detonar sin éxito una tercera granada en un bar de la ciudad texana de Pharr. Las tres granadas, se supo después, provenían del mismo lote fabricado en Corea del Sur e importado por los Estados Unidos. De acuerdo con la Oficina de Alcohol, Tabaco, Armas de fuego y Explosivos, la mayoría de

Mapa iii.4. *Rutas del tráfico de armas desde la frontera con Guatemala.*

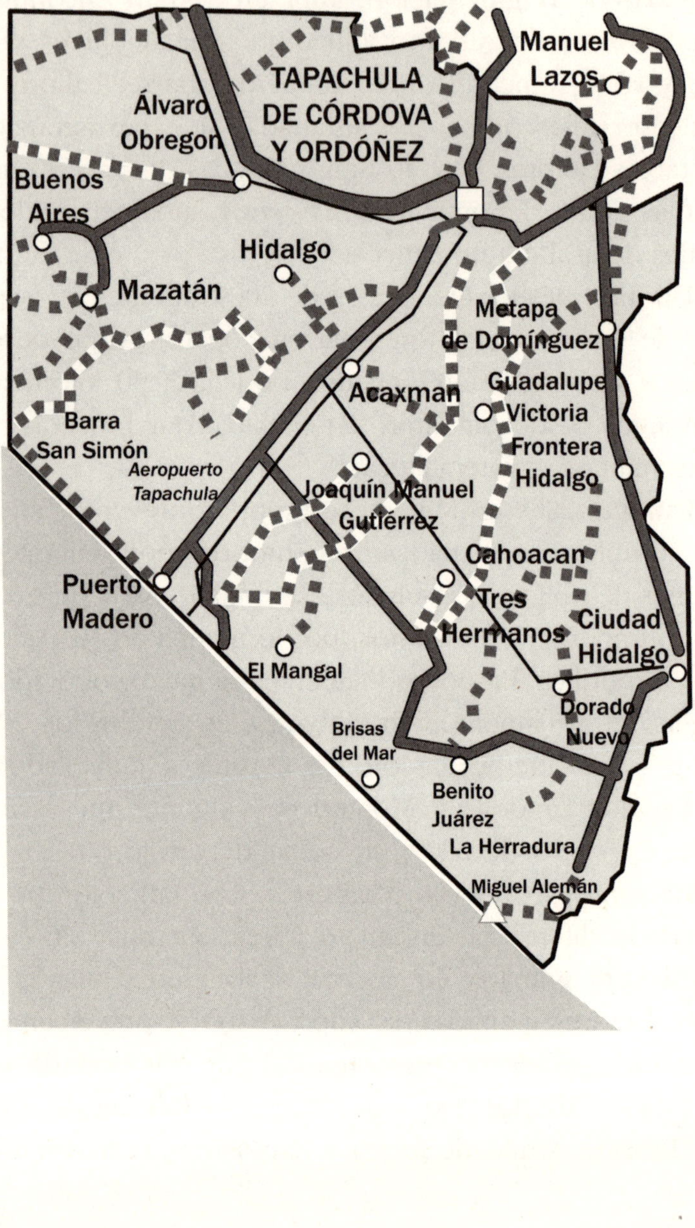

las granadas decomisadas en México se producen en los Estados Unidos y Corea del Sur.

Una vez en México, hay armas que se quedan en poder del narcotráfico, pero muchas sirven para sostener las acciones de la delincuencia común y para proveer a los ciudadanos de armas ilegales para su protección personal. Las armas se pueden conseguir en el mercado negro de Baja California[23] a precios económicos: una .9 mm cuesta entre 3700 y 6200 pesos (300 y 500 dólares); un AK-47, entre 6000 y 8600 pesos (500 y 700 dólares), y un R-15, entre 15000 y 18600 pesos (1200 y 1500 dólares); y hasta 1000 cartuchos para AK-47 en 163 dólares. De hecho, en las ciudades fronterizas un modelo viejo de AK-47 semiautomático puede conseguirse hasta por 1900 pesos (150 dólares), que puede convertirse en automático por 200 dólares más.[24]

Con 9000 a 11800 pesos (700 a 950 dólares) se puede obtener en el Distrito Federal una Pietro Beretta 92FS de .9 mm, una pistola semiautomática muy popular por sus características y por ser el arma reglamentaria de los cuerpos policiales de muchos países como los Estados Unidos y España. También es conocida como *la quinceañera* en el argot delincuencial porque tiene capacidad para 15 cartuchos perforantes. Los precios de las principales armas nuevas (calibre .22, .9 mm, .38 Súper, rifles de asalto, etcétera) que se venden en barrios de la Ciudad de México

[23] Marco Tulio Castro, "Policías con armas decomisadas", *Reportajez, Zeta*, núm. 1723, Tijuana, Baja California, abril de 2007.

[24] Ignacio Alvarado Álvarez, "AK-47, el asesino global", *El Universal*, 5 de marzo de 2009.

varían entre 3000 y 20000 pesos por pieza. Por ejemplo, puede conseguirse un AK-47 en 10000 pesos (800 dólares)[25] o una Glock .9 mm Luger, en 11000 pesos (850 dólares), según un comprador anónimo.

El Distrito Federal es un punto estratégico en el país (la tercera plaza más importante) para la venta de armas y cartuchos. Incluso para el comercio de armas de gruesos calibres, como granadas, "matapolicías" con cargadores de 20 o 30 cartuchos, así como lanzacohetes.

De acuerdo con información de la Secretaría de Seguridad Pública del Distrito Federal, 65 por ciento de las armas que circulan en el mercado negro se utilizan en la comisión de delitos y 35 por ciento llega a personas que las demandan en forma ilegal para protección personal.

En los estados de Baja California, Tamaulipas, Sonora y Durango se presenta mayor actividad de organizaciones de narcotraficantes mientras que Michoacán Chihuahua y Sinaloa son las entidades con mayor presencia de grupos armados y narcotráfico, además del Distrito Federal.

Decomisos

Cifras presentadas por el Ejecutivo en un informe ante los legisladores aseguran que desde que inició la administración de Felipe Calderón en 2006 hasta abril de 2010 se aseguraron 40719 armas largas (en su mayoría rifles de

[25] "La oferta de arsenal, al alcance de cualquiera", *El Universal*, 4 de mayo de 2010.

MAPA III.5. *Tráfico de armas México-Estados Unidos, Procuraduría General de la República, 2009.*

asalto automáticos o semiautomáticos), 31 727 armas cortas y 5 123 granadas. Además, más de 6.2 millones de municiones habían sido asegurados hasta noviembre de 2009. En comparación con los primeros 36 meses de gobierno del gobierno de Vicente Fox (2000-2002), los aseguramientos de armas se incrementaron notablemente, como lo demuestran las 8 492 armas largas y las 75 granadas aseguradas en ese periodo.

Las principales ciudades donde se realizaron los aseguramientos de armas pequeñas en este periodo son Michoacán, Tamaulipas, Sinaloa y Guerrero.

En octubre de 2010, de acuerdo con información de la Oficina de Aduanas y Protección Fronteriza de los Estados Unidos, el decomiso de armas en la frontera entre ambos países aumentó con respecto al año anterior, pasando de 155 en 2009 a 310 en 2010; pero, sobre todo, se incrementó el decomiso de municiones, que se elevó a 83 938 cartuchos útiles, en comparación con los 26 411 retenidos en 2009.

En 2005, durante su intervención en la decimonovena sesión del Consejo Nacional de Seguridad Pública, el secretario de la Defensa Nacional, general Clemente Vega

GRÁFICA III.2

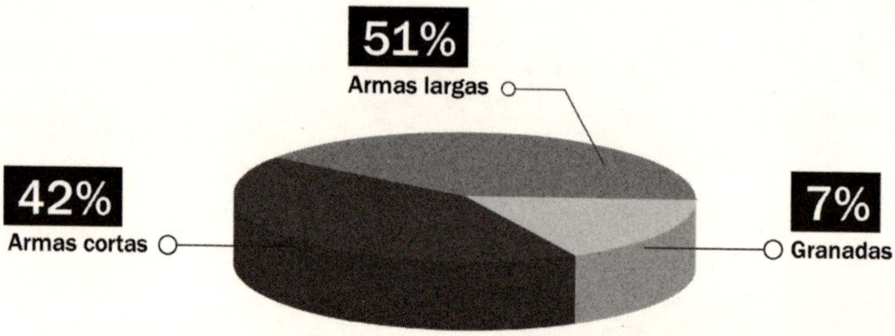

García, mostró un panorama en el que a grandes rasgos se traslucían las dificultades para detener el tráfico de armas: no sólo fue evidente que las cifras sobre registros de armas legales y aseguramientos no ofrecían certeza, sino que informó acerca del proceso que seguían las armas aseguradas y las formas en que en ese proceso las armas revisadas no correspondían con las otorgadas en los permisos, situación que se presentaba de manera reiterada, principalmente entre las policías municipales que las cambiaban durante los aseguramientos por armas de mayor calibre. Del armamento encontrado en los operativos contra el crimen organizado sólo se conoce con certeza lo que llega a las instalaciones de la Sedena. Aunque resulta muy aventurado definir un porcentaje de las armas que se pierden, algunos especialistas estiman que podría alcanzar entre 10 y 15 por ciento de los decomisos.[26]

El general Vega García declaró en 2005 que durante la administración del presidente Vicente Fox se habían asegurado cerca de medio millón de armas de fuego de diversos calibres,[27] de las cuales 240 815 fueron destruidas como lo establece la Ley Federal de Armas de Fuego y Explosivos. Las restantes (202 671) las tenía en depósito la Sedena en juzgados mientras se resolvían los procesos legales. Y sólo 13 331 de las 16 081 que habían sido incautadas definitivamente estaban en buenas condiciones para ser reutilizadas.

[26] Entrevista con Martín Barrón Cruz, profesor e Investigador del Instituto de Ciencias Penales de la Procuraduría General de la República.

[27] Entrevista de la autora con Jorge Alejandro Medellín, y Jorge Alejandro Medellín, "Ha decomisado SDN casi medio millón de armas", *El Universal,* 23 de agosto de 2005.

Mientras que en el periodo de 1995 a 2006 se decomisaron poco más de 90 000 armas de las que la Procuraduría General de la República, a través del Centro Nacional de Planeación, Análisis e Información para el Combate a la Delincuencia, consideró que sólo 22.7 por ciento estaban ligadas a las actividades del narcotráfico,[28] en 2009 aseveró que el mayor volumen de armas ilegales que circulan en México es responsabilidad de los cárteles de la droga que se están armando para los enfrentamientos con el ejército y para la disputa por los territorios con otros grupos de narcotraficantes. Tan sólo en 2009, el 63 por ciento de los decomisos de armamento fueron rifles de asalto de gruesos calibres.

Por ejemplo, en junio de 2010 se llevó a cabo el mayor decomiso en la década en Laredo, cuando la policía detuvo a un camión que presuntamente se dirigía a México. El vehículo contenía 175 fusiles automáticos en sus cajas, 200 cargadores de alta capacidad, 53 bayonetas y 10 000 municiones.

No obstante, además de los altos costos en pérdidas humanas de civiles e integrantes de las fuerzas de seguridad que ha reportado la guerra contra el narcotráfico, son insuficientes las acciones cuando se considera que por cada dos armas que se decomisan, podría haber 25 más disponibles para su venta.[29]

En abril de 2009 el Senado de la República aprobó

[28] Entrevista de la autora con Martín Barrón Cruz, quien comenta el documento "El tráfico de armas y municiones en México", Centro Nacional de Planeación, Análisis e Información para el Combate a la Delincuencia, PGR, México, 2007.

[29] Consejo para la Ley y los Derechos Humanos Milenio.

una reforma a la Ley Federal de Armas de Fuego y Explosivos por la que se incrementan las penas y las sanciones a los servidores públicos que permitan el tráfico de armas. Entre estas sanciones se encuentran la destitución del cargo y la inhabilitación. Aún no se han visto los efectos de esta reforma con respecto al volumen de armas que ingresan al país.

Las cifras oficiales y las declaraciones de los funcionarios señalan que el gobierno federal está en pie de guerra, aunque quizá los mexicanos no nos hayamos enterado. De los datos que nos llevan a considerar que un conflicto armado en el país se desarrolla sin que nos demos cuenta está el volumen de armas y municiones incautadas. La Procuraduría General de la República lo anuncia como un logro: la cantidad de armas aseguradas durante 2008 y 2009 equivale a cinco veces el número de armas decomisadas a las Fuerzas Armadas Revolucionarias de Colombia (FARC) en 2008 y a más de tres veces la cantidad de armas en manos del Frente Farabundo Martí para la Liberación Nacional de El Salvador cuando terminó la guerra civil en ese país en 1992.

Este volumen de armas incautadas nos lleva a preguntarnos si se han mejorado los procesos de aseguramiento y decomiso, y si es por eso que se confiscan más armas, o aumentó tanto el armamento en poder de los grupos del crimen organizado que la proporción de los aseguramientos sigue siendo la misma, aunque las armas incautadas parecen más. Como sea, no parece que el decomiso de las armas de la delincuencia y la ilegalidad estén menguando el tráfico de armas en el país.

CAPÍTULO IV

Pandillas

Ser pandillero significa que a los 17 años ya elegiste la canción con la que quieres ser enterrado. Representa haber resistido violencia física, uso o abuso de sustancias adictivas, problemas familiares, grados de pobreza económica dependiendo del barrio y la región geográfica; usualmente, ausencia parental o de supervisión adulta desde muy temprana edad; en ocasiones abuso sexual; pero, en general, contextos de exclusión, rechazo, marginación, discriminación y miedo. En ningún lugar se habla tanto de la muerte como en la banda. No quieren morirse, pero ésa es la única vida que ven posible.

Los jóvenes que pertenecen a pandillas en sus barrios tienen entre 13 y 21 años de edad. Su primer contacto con ese grupo lo tienen entre los nueve y los 10 años.[1] Jugando futbol, en las calles, se les acercan los chicos mayores que ya pertenecen a la banda; les ofrecen comida, protección, seguridad, compañía, afecto, solidaridad, cosas que generalmente no encuentran en sus familias. La pandilla es el lugar de escape de la violencia que pade-

[1] Carlos Cruz, Cauce Ciudadano, en entrevista con la autora.

cen en sus casas. Comienzan como la mascota de la banda; más tarde la iniciación con hechos delictivos o violentos les asegura un lugar en el grupo. A los 23 años ya son viejos. En las pandillas no duran mucho.

En el principio, para los niños a quienes les han sido negadas las oportunidades de desarrollo y de incluirse en la sociedad de manera productiva, las pandillas abren un espacio de aceptación y respeto y los jóvenes integrantes buscan ser el orgullo del grupo. En general, la pandilla les da la fuerza para enfrentar los miedos que vienen arrastrando y los resarce en cierto grado del repudio que han enfrentado en otros ámbitos, muy usualmente el rechazo de sus padres y el fracaso en la escuela. Las armas de fuego son la herramienta para obtener el reconocimiento que de otra manera se les ha negado.

Las cifras señalan que tres de cada cinco pandilleros han sido víctimas de maltrato físico o verbal por parte de familiares y que la mitad de los que se unen a una banda han presenciado violencia en sus hogares.[2] La banda sustituye a la familia.

Las agresiones, las amenazas y los insultos están presentes en el núcleo familiar de los adolescentes de educación pública media superior y en el ambiente en el que se desarrollan cotidianamente: 54 por ciento ha sido insultado por un familiar, 37 por ciento ha recibido golpes, 6 por ciento ha sido amenazado con un arma de fuego, una navaja o un cuchillo.[3]

[2] Alfredo Nateras, ponencia "Adscripciones juveniles y violencias transnacionales: el caso de las maras y pandillas latinoamericanas".

[3] Primera Encuesta Nacional Exclusión, Intolerancia y Violencia en Escuelas Públicas de Educación Media Superior (SEP, 2007).

Después de haber padecido violencia, ejercerla se convierte en una estrategia para obtener el respeto y la seguridad que no tienen en sus casas, ni en su entorno. Y a menudo se inicia en el prejuicio con el que la sociedad los juzga: los jóvenes son incómodos porque son escandalosos, porque se reúnen en la esquina, porque son muchos y parecen peligrosos, porque son los únicos dispuestos a defender el barrio. Se les ve y se les teme como delincuentes, aunque muchas veces aún no lo sean.

Para muchos adolescentes integrantes de las pandillas, ingresar no es una decisión, sino un paso lógico. Para ellos, hay una cierta normalidad en la ilegalidad, sobre todo si padres, hermanos, tíos y vecinos forman parte de la banda, son adictos al alcohol o a las drogas o realizan actividades delictivas. En estos casos, la entrada a una pandilla es algo natural y sucede a edades muy tempranas. De acuerdo con los testimonios de diversos ex pandilleros, su participación en la comisión de robos comenzó antes de los 10 años, con acciones que requerían de alguien de corta estatura o de poco peso, como entrar por ventanas o saltar cercas y permitir el acceso al resto de la banda. También se utiliza a los menores para transportar armas o drogas, porque en caso de ser detenidos la sanción es menor, aunque algunas veces estos menores no han formalizado su ingreso a la pandilla.

Tres millones setecientos mil estudiantes asisten a los bachilleratos federales del país.[4] El 65 por ciento afirma que en su comunidad hay pandillas; 481 000 reconocen

[4] *Ibid.*

ser integrantes de ellas. En el Distrito Federal, 91 por ciento de los estudiantes señala la presencia de pandilleros en sus centros de estudio. Existen de dos a tres pandillas por escuela de nivel medio superior.[5]

El tema de las armas de fuego en la mayoría de los casos comienza por llevar a la escuela, a la secundaria, al sexto año de primaria, la pistola familiar que encuentran en la casa, para demostrar poder. Salvo alguna excepción, son varones quienes presumen las pistolas a sus compañeros. Comienza como un signo para reforzar el estatus social, como una forma de hacerse un lugar en una sociedad en la que sigue predominando la idea de una masculinidad ligada al poder del más fuerte, a la violencia y, por tanto, al poder que dan las armas. Sobre todo cuando la única alternativa para resolver los conflictos que conocen es la violencia.

El 55 por ciento de los alumnos de bachillerato a nivel nacional aseguraron que al menos uno de sus compañeros ha llevado armas a la escuela.[6] Mientras que 40 por ciento dijeron que en sus escuelas se venden y se consumen drogas.[7] En los estados de la República con mayor incidencia de violencia y enfrentamientos armados relacionados con el narcotráfico, es mayor la cantidad de estudiantes que han visto compañeros armados en sus escuelas; por ejemplo, en Baja California y en Sonora. En el Distrito Federal, 30 por ciento de los estudiantes aseveró

[5] Cauce Ciudadano.

[6] Claudia Bolaños, "Reportan aumento de violencia cerca de las escuelas", *El Universal*, 3 de noviembre de 2008.

[7] Jorge Fernández Menéndez, "Los niños, los sicarios y la Revolución", *Excélsior*, 22 de noviembre de 2010.

haber visto a un compañero portando armas. Le siguen Michoacán, San Luis Potosí y Durango con 22 por ciento, y después Tamaulipas, Coahuila, Quintana Roo y Tabasco con 20 por ciento.[8]

Infundir respeto es el principal uso que se le da a las armas en el interior de los planteles nacionales de educación media superior. Aunque inconscientes y generalmente involuntarios, ésta es la acción que causa innumerables accidentes letales. Diez por ciento de las muertes de menores de edad son causadas por armas de fuego, y pertenece al género masculino 90.5 por ciento de los jóvenes de 18 años que mueren por esta causa, ya sea en homicidios o en accidentes.[9]

La frecuencia con que los hombres jóvenes participan como perpetradores de violencia y delitos es una de las causas que los pone a la cabeza como víctimas de las armas de fuego. En 2008, de los delitos cometidos a nivel nacional, el 40 por ciento lo cometieron jóvenes de 18 a 25 años de edad.[10] Entre los 18 y los 24 años cometieron: 32.6 por ciento de los homicidios; 28.56 por ciento de las violaciones; 39.31 por ciento de los robos, y representaron 18.53 por ciento de los detenidos en posesión de armas de fuego prohibidas. En este último rubro, fueron

[8] Lilian Hernández, "Ven en los bachilleres propensión a delinquir", *Excélsior*, 20 de febrero de 2009.

[9] Arturo Arango Durán, "Muertes de menores por homicidio y accidente mediante la utilización de armas de fuego", Instituto Ciudadano de Estudios sobre la Inseguridad, [con base en información del Instituto Nacional de Estadística, Geografía e Informática, presentada en el Foro Armas Pequeñas y Ligeras], enero 2007.

[10] ICESI, Sexta Encuesta Nacional sobre Inseguridad, México.

545 jóvenes de tan sólo 18 a 19 años los que violaron la Ley Federal de Armas de Fuego y Explosivos.[11]

Aunque no son las principales víctimas, las mujeres intervienen de manera importante en la reproducción de la violencia armada; por ejemplo, incentivando o censurando el uso de las armas. Una investigación en las favelas de Brasil descubrió que las chicas consideraban más atractivos a los muchachos que poseían armas de calibres mayores. En los estados del norte del país, los adolescentes señalan como uno de los estímulos para unirse a los cárteles el conseguir a las mujeres más atractivas, quienes en general se unen a los hombres con mayor influencia, la cual consiguen, a menudo, ejerciendo mayor violencia. Por otra parte, otros estudios han señalado que las mujeres se creen más protegidas manteniendo cerca a hombres armados, por lo cual estimulan esta conducta en sus parejas o en sus hijos.

Los jóvenes son víctimas y ejecutores de la violencia. La Primera Encuesta Exclusión, Intolerancia y Violencia en Escuelas Públicas de Educación Media Superior, realizada por la Secretaría de Educación Pública en 2007, señala que 22 por ciento de las y los alumnos del Distrito Federal sufrieron robo, agresión o violencia dentro o cerca de sus planteles.[12]

Las pandillas de las escuelas realizan sus enfrentamientos fuera de los centros de estudios como en una

[11] Mario Luis Fuentes, "Jóvenes delincuentes: tendencias a la alza", *Excélsior,* 23 de febrero de 2010.

[12] Claudia Bolaños, "Reportan aumento de violencia cerca de las escuelas", *El Universal*, 13 de noviembre de 2008.

extensión de lo que sucede en el barrio. No parece haber un ejercicio sistemático de la violencia en el interior de las escuelas, pero ése es precisamente el lugar donde comienza la pasarela para reclutar integrantes para las agrupaciones de jóvenes de la zona que no tienen nada que hacer, que no tienen alternativas, que poseen armas y se organizan para delinquir o en torno a actividades donde el ejercicio de la violencia es un eje, como la defensa de los barrios, que aparentan ser la única opción para reivindicarse y sobrevivir.

Con esa misma dinámica, en la calle se descubrirá a los futuros talentos del crimen organizado que, al no encontrar factores de protección en su entorno, como la estructura familiar, escolar o social, y con fundamento en la falta de conocimiento de sus orígenes y de sí mismos, y en la carencia de autoestima usual en las víctimas de exclusión y violencia familiar, verán imposible decir que no ante la presión externa; pero, sobre todo, no dirán que no porque les parecerá que el crimen organizado es la única vía para salir del círculo de pobreza multidimensional en el que se encuentra 53 por ciento de los menores de 18 años mexicanos.[13] Incluso, niños de 14 años se involucran con la delincuencia y el narcotráfico con la esperanza de empezar a ser "alguien" en la comunidad y con la idea de poder comprarle una casa a su mamá. Se sabe que entre diciembre de 2006 y marzo de 2009, unos 427 niños fueron reclutados por sicarios.[14] Sin embargo,

[13] Jorge Fernández Menéndez, "Los niños, los sicarios y la Revolución", *Excélsior,* 22 de noviembre de 2010.

[14] Red por los Derechos de la Infancia en México, *La infancia cuenta en México,* México, 2009.

especialistas afirman que los menores enganchados por el narco y la delincuencia pueden ser alrededor de 43 000:[15] cerca de 35 000 niños, niñas y jóvenes podrían estar involucrados con los Zetas, mientras que el Cártel de Sinaloa podría estar empleando a otros 8 000 menores.[16] Los niños, los más jóvenes, son utilizados por las organizaciones delictivas para esconder o cargar armas, como empaquetadores de droga, vigilantes de enemigos y de secuestrados, o informantes.

Las pandillas se distinguen por las actividades que realizan. Algunas se vinculan con hechos delictivos como asaltos, narcomenudeo, robo de coches y autopartes, y otras con movimientos culturales y sociales. La gran mayoría actúa en defensa de los territorios. La solidaridad con la que se enlazan sus integrantes es quizá el rasgo que más distingue a las pandillas de otras agrupaciones sociales. En muchos de estos grupos, el que obtiene recursos guarda 30 por ciento para sí y el resto lo destina para los integrantes que están en la cárcel y para los hijos de los que resultaron muertos en enfrentamientos armados.

Tatuajes y drogas son parte de los prejuicios con los que son vistos los jóvenes en las pandillas. Con frecuencia son detenidos por la policía por su aspecto, lo cual puede desembocar en venganzas, robos y enfrentamientos armados, como represalia. También es común considerar que todos los pandilleros consumen drogas; no obstante, al-

[15] Jorge Fernández Menéndez, "Los niños, los sicarios y la Revolución", *Excélsior*, 22 de noviembre de 2010.

[16] "Engancha la mafia a 43 mil niños, revela ONG", *La Crónica de Hoy*, 8 de junio de 2010.

gunas pandillas restringen el consumo entre sus miembros porque se vuelven vulnerables ante los enemigos. En otras bandas, la droga y el alcohol son parte de lo que los mantiene enganchados. Les ofrecen droga para dejar de sentir los miedos y la frustración que los persiguen: el miedo a los golpes de los progenitores, al sufrimiento que ven en sus casas, al impacto de ver correr sangre después de los primeros contactos con la violencia, las dudas al cometer un robo o los remordimientos por haber matado a alguien. Las drogas que generalmente se consumen en las pandillas son la marihuana, el activo, el cemento, el pegamento, el *thinner* y el PVC. En la lógica del mercado, la droga también potencia los enfrentamientos entre las pandillas por el control del territorio para el narcomenudeo.

Para los jóvenes y los adolescentes de las zonas urbanas, el sentido de territorialidad y pertenencia a un grupo es tan importante como para las tribus primitivas. La forma en que las pandillas ven sus territorios y los defienden se adapta perfectamente al concepto que señala el geógrafo Edward Soja cuando afirma que la territorialidad contiene nociones de soberanía, propiedad, disciplina y vigilancia. Las bandas se sienten con el derecho de exclusividad sobre el barrio para explotarlo en su provecho y sienten la obligación de actuar en consecuencia ante la presencia de intrusos; el barrio les da una identidad y limita las formas de interacción social hacia el interior, definiendo al mismo tiempo a los "otros", los extraños. Esta noción de territorialidad se hace extensiva a todo lo que cabe en el barrio: espacio físico, familia, amigos y amigas, recursos, puntos de venta, formas de ingresos, etcétera.

La violencia que se emplea en la defensa de la propiedad usualmente sufre una escalada: comienza con golpes; al día siguiente con pedradas, y sólo entonces llegan los disparos.

Carlos Cruz Santiago tiene 36 años. Fue pandillero desde los 13. Fue víctima y generador de violencia. De los integrantes de su banda sobreviven tres. Dejaron los enfrentamientos armados porque ya no había nadie de esa generación que los enfrentara. En el 2000, después del homicidio de uno de sus compañeros de pandilla, se dio cuenta de que lo único que sigue a la tragedia es la venganza, y que no conseguirán nada con ella. Entonces dejó la violencia. Actualmente dirige Cauce Ciudadano, una organización civil dedicada a construir factores que protejan de la violencia a los jóvenes y reinserten a los pandilleros a la sociedad a través de la reincorporación académica, el aprendizaje de habilidades para el trabajo y el desarrollo de actividades positivas para sus comunidades.

Cruz comenta que hace algunos años los enfrentamientos entre escuelas se convertían en verdaderos tiroteos que duraban hasta 90 minutos. Armas de todos tipos: escopetas calibre .12, pistolas calibre .45 y cuernos de chivo, y hasta 40 kilos de pólvora, mantenían a estos jóvenes en pie de guerra. En sus visitas a centros educativos para prevenir y eliminar la violencia generada por los y las jóvenes, dice que ve más armas y de mayor potencia en todas las zonas urbanas del país.

Estar armado en las calles del barrio es imprescindible: significa que tienes oportunidades de sobrevivir. También significa que tienes enemigos. En las bandas sólo tienen enemigos quienes son poderosos. Ésta es la búsqueda de poder que les permitirá, o al menos ellos así lo creen, salir del estado de rechazo y marginación social y económica en el que se encuentran.

Entre 50 y 60 por ciento de los integrantes de una banda están armados. En muchas pandillas la mayoría tiene armas de calibres pequeños que toman de sus casas o son antigüedades de la época de la Revolución que ya no se fabrican y que es evidente que les han sido heredadas. Otra forma de hacerse de armas es robar a la policía; además, es la forma de obtener pistolas de mayor potencia, que frecuentemente canjean por más pistolas de menor calibre. No obstante, hay bandas de jóvenes que se convierten en sicarios profesionales que tienen armas más sofisticadas y se proveen en el mercado negro. Con 5000 pesos (370 dólares) se consigue un cuerno de chivo (AK-47) en Chihuahua, frontera con los Estados Unidos.

Los pandilleros no prestan su arma. Ésta es parte de la identidad y tiene un sentido de pertenencia. La cuidan y le ponen nombre. Para muchos es una extensión del cuerpo, y el día que no la traen no experimentan la sensación de vulnerabilidad de saberse desarmados, sino la de que les han extirpado una extremidad.

Cultura de las armas

Gerardo Hernández Vaca tenía 16 años la última vez que vio a Lupe. Era su fiesta de 15 años. La banda estaba en la entrada de la vivienda; eran como 15 músicos, justo al lado de las mesas de los invitados a los que se les ofreció mole, arroz y frijoles, tortillas hechas a mano, tequila, mezcal y cerveza. A pesar de ser una fiesta en territorio de La Lagunilla, la gente de la cañada asistió al convivio organizado después de la misa a la que Lupe fue con su familia y sus padrinos.

Después de la comida, la banda tocó y empezó a llegar gente de todo el pueblo a bailar con la quinceañera. Al principio todo era fiesta, pero como a la una de la mañana Arturo Reyes y varios amigos de La Lagunilla iniciaron una riña contra Ramón, hermano de Gerardo. Ramón había estado bailando con Lupe y las chicas les admiraban a los hermanos su casa más grande y con acabados más bonitos que los del resto del pueblo de Huasca de Ocampo en Hidalgo; anhelaban las cosas que les enviaban su padre y su hermano mayor desde los Estados Unidos, a donde habían ido en busca de trabajo; pero, sobre todo, les envidian que ellos no tuvieran que trabajar la milpa.

Primero empezaron con golpes; algunos salieron del lugar y fueron por machetes. Pero Ramón no estaba solo. Gerardo llamó a sus primos y uno, al ver que era Ramón al que estaban golpeando, sacó una .22 y disparó varias veces. Arturo Reyes resultó muerto. Cuando llegó la policía, Gerardo y Ramón ya habían hecho maletas y se encontraban en camino a los Estados Unidos.

Cuatro años después, Gerardo Hernández regresó a Huasca de Ocampo, como si nada hubiera pasado, a celebrar las fiestas decembrinas con la familia. Como si se le hubiera olvidado, además regresó como lo hacen muchos migrantes, con el estandarte del éxito "del otro lado", aunque quizá no fuera así: grandes regalos comprados a crédito, buena ropa y dólares ganados corriendo riesgos, pasando penurias, aguantando humillaciones y trabajos que los norteamericanos consideran denigrantes. No obstante, Gerardo, en su camioneta *pick up* de modelo más o menos reciente, no pensaba en eso. Sólo tenía en mente regresar y que se dieran cuenta que había triunfado en "el Gabacho".

En Huasca de Ocampo, como en muchos otros lugares de México, es casi normal portar armas. Cargar consigo la pistola y el rifle es parte de la vida cotidiana en el campo. Es muy común por ser el campo y porque todo mundo sabe que se caza, que se dispara al blanco y todo el mundo sabe que el que carga armas es más valiente. Así que no fue extraño ver que a la posada llegaba gente armada. Quizá un poco más extraño hubiera sido si alguien se hubiera percatado de que bajaban cuatro hombres de una camioneta, mientras dejaban al chofer en su puesto con el vehículo encendido. Sin preguntar nada, los cuatro hombres caminaron directamente hacia Gerardo, quien departía animadamente en la posada. Éste alzó la vista y reconoció a uno de los hermanos de Arturo Reyes, con una calibre .38 especial en la mano. No cruzaron palabras. Al principio, la música a todo lo que da y el alcohol que había corrido entre los asistentes no le permitió darse cuenta de lo que sucedía, pero entonces se escucharon tres detonaciones continuas y se vio caer el cuerpo desangrándose, ya casi inerte, de Gerardo Hernández Vaca.[17]

[17] Entrevista con Juan Velázquez, habitante de Huasca de Ocampo.

Riñas que terminan en plomo no son un elemento inusual de las fiestas en pueblos y barrios de México, frecuentemente potenciadas por el consumo de alcohol o de otros enervantes. Basta hacer un recorrido por los periódicos locales para enterarse que disparos por envidias y celos que acaban en muerte suceden igual en Durango que en Chiapas, que es una costumbre arraigada y que acontece desde hace mucho tiempo; tanto, que incluso es contada con un ánimo de normalidad, como son normales las cosas que suceden desde siempre: las diferencias en México se resuelven a balazos. La frecuencia con la que ocurren los sucesos dan cuenta de la costumbre: la Procuraduría General de Justicia del Distrito Federal inició durante 2009 unas 713 averiguaciones por homicidios dolosos, que considera son consecuencia de riñas entre personas en estado de ebriedad o bajo alguna droga y que tienen a la mano una pistola.

La crónica de Huasca de Ocampo, con sus tradiciones, su mole y su música, bien podría haber formado parte de las películas surrealistas filmadas en los cincuenta por el director de cine español Luis Buñuel. Aunque cinco décadas después, el suceso es casi el mismo que el del argumento de *El río y la muerte*, una película que cuenta las costumbres mexicanas del campo con respecto al uso cotidiano de las armas en venganzas y en conflictos. Filmada en 1954, el director explicaba que "la mayoría de los sucesos que cuenta esta película son auténticos". De hecho, eso a lo que Buñuel puso nombre y apellido denominándolo "las facilidades que en México dan para morir", se plasma en esta película porque sucedía en la realidad desde entonces y todavía ocurre hasta nuestros días.

Contaba Buñuel que "inspirado en la facilidad con que puede uno asesinar a su prójimo, la película contenía gran número de asesinatos aparentemente fáciles, e incluso gratuitos. A cada asesinato, el público de Venecia reía y gritaba: "¡Otro! ¡Otro!"[18] En la cinta se sucede una serie de venganzas que, con el correr de los años, hacen que todos los hombres del pueblo tengan contados los días. "Según cuentan, raro era el día en que no caía algún hombre." Unos y otros matan hasta a quien les hace una broma que piensan que pone en duda su virilidad o su prestigio. La causa de la querella principal comienza justamente en una fiesta de bautizo entre los compadres, mientras brindan por el pequeño que recientemente recibió el sacramento católico. Años después un integrante de estas familias enemigas pagará con su vida incluso el que su ganado haya cruzado a pastar en tierras de su adversario. El ser "muy hombre", el honor, y la importancia de defenderlo aun con la vida, son puestos sobre la mesa varias veces a lo largo de la película. Asimismo, son también las mujeres quienes perpetúan este modo de convivencia, exigiéndoles a los hijos que las protejan, a ellas y al prestigio de la familia. Esto se puede apreciar en el diálogo entre doña Oladia y Chinelas, el que es considerado el cobarde del pueblo:

—Llévate la pistola

—¿Pistola yo? ¿Para qué la quiero, madre?

[18] Luis Buñuel, *Mi último suspiro. Memorias,* Random House Mondadori, 1982.

—Para lo que se pueda ofrecer.

—Pues si a mí no se me ofrece nada.

—O te fajas la pistola tú o te la fajo yo.

La visión de extranjero de Buñuel, que aún le permite sorprenderse con la cantidad de armas a su alrededor que la gente porta, es la que expone la cinta en una charla con el cura del pueblo. El personaje de don Nemesio, un respetado hombre mayor, que proviene de un lugar fuera del pueblo y que no entiende la escalada de violencia y de venganzas que ocurren, procura evitar las muertes de ambos bandos. Al respecto le dice al párroco:

> —Cuando hasta los más pobres se gastan todos sus centavos en comprar pistolas, todo el mundo va armado, estoy seguro que los únicos que no llevamos pistola en este pueblo somos usted y yo.
>
> —Será usted, porque yo sí la llevo.
>
> —Vaya, padre, que me ha hecho reír sin ganas.

Pero esta escena seguramente también recupera una anécdota que le describieron en la vida real al director: el escritor mexicano Alfonso Reyes le cuenta a Buñuel que a principios de la década de los veinte fue al despacho de José Vasconcelos, quien entonces era secretario de Estado para la Instrucción Pública. Durante la conversación, Reyes le dice a Vasconcelos: "Creo que, menos tú y yo, todo el mundo lleva aquí un revólver". "Habla por ti", le respondió Vasconcelos, enseñándole la pistola calibre. 45 que cargaba consigo.

En el México de los cuarenta, políticos y diputados no sólo cargaban pistola en la cintura para andar por las calles, sino que exhibían sus revólveres a donde fueran, y en las sesiones legislativas las diferencias se subrayaban mediante un par de balazos.

Sobre esta costumbre de andar armado y disparar fácilmente del México de la época, el propio Buñuel detalla, en una charla que publica el cineasta y escritor español Gonzalo Suárez, cómo llamó su atención al llegar a nuestro país el método de resolver discrepancias a punta de pistola de los mexicanos; al director le impresiona que en los titulares de los diarios ocupaban grandes espacios las notas sobre muertos a balazos por causas tan absurdas como preguntar una dirección. En sus memorias cuenta el artículo publicado en *La Prensa* "Lo mata por preguntón", en el que se informa sobre la muerte de un hombre que buscaba al señor Sánchez en el número 39 de una calle; en esa dirección el portero le dice que no vive ahí y lo manda al 41, y cuando vuelve a preguntar en el 41, lo mandan de regreso al 39 y le aseguran que el portero se ha equivocado. Cuando el hombre le explica lo que le han dicho, el portero le pide que espere y regresa cargando un revólver con el que le dispara.

Además, el director aragonés que reconocía él mismo andar armado en México, señala, como una característica de los mexicanos, un sentido del humor donde las pistolas jugaban un papel protagónico, además de que "un actor mexicano no haría nunca en la pantalla lo que no haría en la vida".

Pedro Armendáriz tenía la costumbre de disparar de vez en cuando en el interior del estudio. Incluso hay un relato según el cual Jorge Negrete y Pedro Armendáriz le dispararon a un productor y lo hirieron en un pie durante una filmación "medio en broma", u otro, que narra cómo Armendáriz llegó a los estudios con un coche nuevo preguntando si les gustaba a los presentes; entonces alguien, a manera de guasa, respondió que sí y disparó hacia el automóvil dejándole un agujero en el techo.

La relación entre el mexicano y su pistola surge mucho antes, por lo menos 50 años atrás, cuando este prototipo ideal del héroe armado comienza a hacerse un lugar profundamente arraigado en el imaginario popular. Prueba de ello son los corridos, género narrativo-musical que cobró auge con el fortalecimiento de la autonomía de la nación mexicana. El corrido es una composición popular cantable, derivado de los romances españoles del siglo XVIII, en la que se narra una historia o leyenda del pueblo mexicano, cuya función es transmitir oralmente la cultura y los acontecimientos sociales.

El corrido se convirtió en uno de los factores más importantes de cohesión social al dar a conocer, en una sociedad mayoritariamente analfabeta, las noticias que acontecían a los principales personajes de la historia mexicana y la situación del país. Su popularidad la debe en parte a la simplicidad de la melodía, pero también a que retoma las expresiones populares, el lenguaje cotidiano, el ingenio y el doble sentido. Así, el corrido unificaba, de plaza en plaza, tanto las formas de expresión popular como la identidad cultural de los mexicanos.

En el corrido, por primera vez los mexicanos se ven a sí mismos y cantan el sentir del pueblo: cómo viven las batallas personajes con los que se identifican, cómo mueren, quién y cuándo los traiciona, cuáles son sus anhelos y cómo se enamoran. Paulatinamente, son estas historias de los hechos cotidianos y las grandes hazañas de los héroes reales e inventados las que construyen los sueños y las ilusiones de un país, y que además consolidan lo que en el imaginario social es la esencia del ser mexicano. Algunos versos se repiten de corrido a corrido, cambia el nombre del protagonista pero no la hazaña y se adapta el ritmo con el que es cantado al sonido local, pero los símbolos mexicanos —casi siempre los mismos: la libertad, la lucha armada, la valentía, la justicia social, el amor a una mujer, el amor a la tierra— se expanden por el territorio nacional.

El corrido cobra auge con la Revolución mexicana: Pancho Villa, Emiliano Zapata y Álvaro Obregón se convierten en sus estrellas, y los juglares mexicanos recogen en sus relatos cantados los sucesos más notables de la lucha armada, las batallas, los fusilamientos, los logros de sus compañeros de armas y las anécdotas sobre sus enemigos.

El *Corrido de Francisco Villa*, escrito por L. y M. Jorge Saldaña, y el *Corrido de la muerte de Zapata,* de Armando Liszt Arzubide, son sólo dos ejemplos de las narraciones que hacían los corridos; por un lado alaban la valentía del héroe siempre dispuesto a la guerra y que sólo la muerte puede detener, y por otro, la forma en que todos los hombres los siguen hacia la lucha y la batalla.

El protagonista del corrido generalmente es una persona común, de origen humilde o cercana al pueblo, que se convierte en el rebelde que desafía la situación de opresión en la que vive; el líder revolucionario, el héroe, que solo, con su caballo y el arma en la mano, y a pesar de ser pobre y de vivir del campo, enfrenta al enemigo, salvaguarda su honor, lucha contra la injusticia y reta dignamente a la muerte. Es alguien que destaca por el respeto que le tienen sus seguidores, por su honor, por su valor y por su hombría. En ocasiones el protagonista también es un bandolero, alguien que se ve obligado a vivir al margen de una ley injusta que oprime a las clases bajas y que se debe enfrentar con la mala autoridad, convirtiéndose en el defensor de los oprimidos.

Numerosísimos corridos dan muestra de la importancia de la presencia de dos elementos en las hazañas del personaje masculino: el caballo y el arma de fuego. Aurelio González, de El Colegio de México, en su ensayo "El caballo y la pistola: motivos en el corrido", define la pistola como "el arma más personal del rebelde o del hombre de valor, moderno sustituto de la espada, símbolo del poder y del arrojo y también del machismo y la prepotencia. La capacidad destructiva y la potencia defensiva, como una extensión de la propia personalidad".[19]

CARABINA 30-30

Con mi treinta treinta me voy a alistar
y engrosar las filas de la rebelión,
para conquistar, conquistar libertad,
a los habitantes de nuestra nación.

[19] Aurelio González, "El caballo y la pistola: motivos en el corrido", *Revista de Literaturas populares,* núm. 1, año 1, enero-junio de 2001, pp. 94-114.

La pistola acompaña al héroe en su lucha por la libertad y la justicia social. También es un símbolo de los hombres que participaron en la construcción de un nuevo país. Pero también acompaña al protagonista de los corridos trágicos pasionales, quien ante el engaño de la mujer amada tiene todo el derecho de acabar con su vida o de enfrentarse a muerte por la defensa de su honor:

CORRIDO DE ROSITA ALVÍREZ

—Rosita no me desaires, la gente lo va a notar.
—Pues que digan lo que quieran, contigo no he de bailar.
Echó mano a la cintura y una pistola sacó,
y a la pobre de Rosita nomás tres tiros le dio.
La noche que la mataron, Rosita estaba de suerte:
de tres tiros que le dieron, nomás uno era de muerte.

En 1920, ocho de cada 10 mexicanos no sabían leer ni escribir, por lo que el corrido se convirtió en un medio eficiente en la transmisión de valores, pautas de comportamiento, nacionalismo e identidad. El que se recuerde hasta nuestros días, da pauta de cómo enriqueció y salvaguardó la memoria mexicana.

El corrido intenta evolucionar en las décadas de los treinta y los cuarenta, pero tiene menor éxito en el gusto popular. No obstante, una vez concluida la Revolución, su influencia se traslada a la música popular campirana que alcanzó un gran auge con autores como José Alfredo Jiménez e intérpretes como Pedro Infante, Jorge Negrete, Lucha Reyes, Lola Beltrán y Javier Solís, cuyas carreras musicales fueron impulsadas por su participación en el cine.

Así, el estereotipo del héroe impulsado por el corrido será retomado por el cine mexicano de la época de oro, el cual en muchas de sus películas promueve al macho mexicano, armado y habitualmente vestido de charro, que destaca por su valentía, su picardía, su simpatía y su audacia, pero también por su visceralidad. En la época de la Revolución mexicana se realizaron películas que narraban el conflicto armado; incluso los ejércitos contendientes tenían su propio camarógrafo; entre las más conocidas están las de Pancho Villa, quien se proveía de armas y suministros en territorio estadounidense. Necesitado de recursos para financiar las batallas, convenció al director de cine D. W. Griffith para coproducir un documental sobre sus andanzas. En 1912 llegó a las pantallas norteamericanas con notable éxito *Life of Villa*. Fue entonces cuando surge su atractiva imagen de líder intrépido, valiente y animado, y cuando, gracias a los recursos obtenidos por esta película que le dio fama internacional, Villa organiza su famosa División del Norte con 50 000 hombres.

Entre 1910 y 1917 la principal temática que abordó el incipiente cine mexicano fue la Revolución, como una manera de dar al público coherencia e información sobre lo que acontecía en el territorio durante el conflicto armado.

Durante el gobierno de Venustiano Carranza, el cine de ficción comenzó a cobrar adeptos y evolucionó hasta llegar a la época de oro del cine mexicano en los años cuarenta. Con el cine de la época de oro, en el imaginario mexicano se arraiga la noción de la violencia como medio para destacar sobre los demás, y que el encanto o la simpatía justifican y disculpan los comportamientos violentos previos. Jorge Negrete, Emilio *el Indio* Fernández, Pedro Armendáriz, Pedro Infante y Javier Solís son los ídolos que personificaron el prototipo masculino de la época, aunque en una suerte de añoranza sobrevive su atractivo hasta nuestros días.

Estos ídolos llevaban ese ideal del hombre atrevido y violento más allá de las pantallas y su relación cercana con las armas se refleja en las historias que llegan a la prensa y las que sobreviven a través de las anécdotas. Algunas son trágicas, como la de Pedro Armendáriz, quien en 1963 se suicida, a los 51 años, con una pistola 357 Magnum en el Centro Médico de la Universidad de California, tras enterarse de que tenía cáncer de riñón.

Emilio *el Indio* Fernández nació en 1904, hijo de un general revolucionario y de una mujer indígena kikapú. El famoso director de la emblemática película mexicana *María Candelaria* pensaba que el cine era el medio para educar y reformar al país. Sobre sus películas decía: "Todas mis obras han sido de tesis, siempre con intención de mejorar nuestra patria. Si en la Revolución anduve 11 años con un rifle en la mano, hoy tengo un arma mejor para luchar por la dignificación de mi país". Con fama de violento, coleccionaba pistolas. Su hija, Adela Fernández, recuerda que un día estaba muy feliz porque había llegado a tener 401 piezas. Ella misma cuenta, sin especificar si fue cierto o no, que existe una anécdota según la cual su padre balaceó a alguien durante una filmación porque tosió. Lo que sí se sabe es que en 1939 hirió al escenógrafo

Carlos Grandjean. También hay certeza de que *el Indio* Fernández tiroteó a unos periodistas en 1958, cuando lo fueron a entrevistar a su casa con motivo del premio a la fotografía que había recibido en el Festival de Cannes. *El Indio* les asegura que es un premio a la dirección, y como los periodistas insisten, él les dice que va por los documentos. Un periodista se imagina que regresará a la habitación armado y emprenden la huida, pero aun así, el director les dispara y hiere a uno de ellos. También se sabe que en 1976 Fernández mató a un campesino durante la búsqueda de locaciones en Coahuila. El director de cine estaba con un grupo de gitanos al que se acercó el campesino, ebrio y lanzando tiros al aire. Sin titubeos, *el Indio* le disparó. El borracho cayó muerto con dos tiros en el pecho.

Para los extranjeros era, y quizá aún lo es, más fácil hacer notar este comportamiento de violencia cotidiana solapada en el ingenio que para los mexicanos era una costumbre.

Otro de los personajes famosos que se refieren al hábito de los mexicanos de desenfundar la pistola ante la más mínima discusión, es el poeta chileno Pablo Neruda. El escritor cuenta en sus memorias la ocasión en que sostuvieron un debate público en un teatro los pintores Diego Rivera y David Alfaro Siqueiros. Los dos grandes maestros expusieron sus mejores argumentos pero no había un claro vencedor. Neruda narra: "Agotados los argumentos, Diego Rivera y Siqueiros sacaron grandes pistolas y dispararon casi al mismo tiempo, pero contra las alas de los ángeles de yeso del techo del teatro. Cuando las pesadas plumas de yeso comenzaron a caer sobre las cabezas de los espectadores, éstos fueron abandonando el teatro y aquella discusión terminó con un fuerte olor a pólvora y una sala vacía".[20]

Según Neruda, no sólo los pintores andaban armados, sino también los poetas. El chileno recuerda en sus memorias que "el México de aquel tiempo era más pistolista que pistolero. Había un culto al revólver, un fetichismo de la 'cuarenta y cinco'. Los pistolones salían a relucir constantemente. Los candidatos a parlamentarios y los periódicos iniciaban campañas de 'despistolización' pero luego comprendían que era más fácil extraerle un diente a un mexicano que su queridísima arma de fuego".

El poeta rememora un homenaje que le hicieron los poetas mexicanos con un recorrido en trajinera en Xochimilco. Durante el paseo, uno de los poetas insistía en que Neruda disparara al aire con su pistola. Otro poeta sacó la suya para extendérsela a Neruda con el propósito de que con ésa lance los tiros al aire. Comienza la discusión y todos los otros poetas sacan cada quien su propia pistola para que Neruda elija la suya. Entonces, al poeta chileno se le ocurre recogerlas todas en un sombrero de charro, "tras pedírselas al batallón de poetas en nombre de la poesía y de la paz. Todos obedecieron y de ese modo logré confiscarles las armas por varios días, guardándoselas en mi casa. Pienso que he sido el único poeta en cuyo honor se ha compuesto una antología de pistolas".

Lo cierto es que en el México de aquel tiempo la ima-

[20] Pablo Neruda, *Confieso que he vivido. Memorias,* 6ª ed., Seix Barral, 1976, p. 71.

gen del ídolo empistolado y astuto, que responde a las agresiones y que resuelve los conflictos soltando unas cuantas balas, conformó la idiosincrasia de la sociedad mexicana del siglo pasado. La posesión de armas no sólo era aceptada, sino estimulada por considerarse un signo de madurez y prestigio en un hombre. Aún actualmente, en algunos pueblos a los muchachos que cumplen 15 años de edad se les festeja regalándoles un arma, y esta lógica del macho mexicano se vuelve presente en los carnavales que se celebran, por ejemplo, en Iztapalapa, donde a la par de la fiesta se celebra una carrera armamentista para ver quién desfila en las plazas con el arma de mayor potencia. En esas fiestas, que comienzan en febrero y terminan en abril, es una tradición que los hombres vestidos de charros, con sombrero y traje de espuelas, disparen tiros al aire al ritmo de las bandas de música que constituyen el cortejo de las reinas del carnaval; sin embargo, en los últimos cinco años se han visto armas de mayor calibre, incluso algunos R-15 y AK-47, y se han reportado mayores incidentes de asistentes a punto de recibir un tiro.

En la década de los setenta, el corrido tiene un resurgimiento con los narcocorridos, que retratan las historias de contrabando, de ilegales que cruzan la frontera o de personajes y eventos relacionados con el narcotráfico, retomando la configuración del corrido tradicional, pero acercándolo a la música más popular de la región noroeste del país, como la grupera, la banda y la cumbia norteña. Inicialmente, el narcocorrido tiene presencia en Sinaloa y en Durango, pero al ir ganando adeptos y expandiéndose el fenómeno mediático de la cultura del narcotráfico, también se difunde en toda la zona norte de México, el sur de los Estados Unidos, y se da a conocer, incluso, en otros países.

> —A mí me gustan los corridos
> porque son los hechos reales de nuestro pueblo.
> —Sí, a mí también me gustan
> porque en ellos se canta la pura verdad.
> —Pos, ponlos pues.
> —Órale, ahí van.[21]

Los narcocorridos dan a conocer de una manera heroica las acciones, la filosofía y los valores de los narcotraficantes, algunos de éstos incluso muy similares a los exaltados en los corridos revolucionarios, como la lealtad, el valor, el respeto de los demás, la falta de miedo a la muerte, la hombría y, por supuesto, las armas.

Los héroes de los narcocorridos siempre andan armados con pistolas de grueso calibre y las armas son un símbolo de su poder: "Festejaba su cumpleaños en su ranchito escondido / Había gente poderosa del gobierno y fugitivos / Todo mundo con pistolas y con su cuerno de chivo".[22]

En los corridos actuales no se ocultan los muertos, sino que se les exhibe como trofeos para reafirmar la posición de poder sobre los otros. El calibre de las armas también dista mucho de ser como en los corridos revolucionarios: "Yo, con mi cuerno de chivo / No respeto federales"[23] o "Le pegaron dos balazos de R-18 en la pierna / Era muy

[21] Los Tigres del Norte, "El jefe de jefes".
[22] Los Tucanes de Tijuana, "Fiesta en la sierra".
[23] Los Huracanes del Norte, "Cuerno de chivo".

bueno pa'l cuerno, con la derecha y la izquierda / A otros cinco mató, nomás por aquella quema".[24] La facilidad con la que se consigue un arma y lo generalizado de su uso también queda expuesto en estas canciones: "Famoso cuerno de chivo / A cuántos no matará / Es el arma preferida / Por todos en Culiacán".[25] A este respecto Luis Astorga, investigador del Instituto de Investigaciones Sociales de la UNAM, señala: "Las armas fueron desde un principio sus compañeras fieles e inseparables. Luego vendrían historias donde [...] las armas ya no eran sólo pistolas como la clásica .38 Súper, sino ametralladoras, granadas y lanzagranadas".[26]

La cultura del narcotráfico tiene una identidad propia y una visión del mundo muy particular, que va más allá de los narcocorridos: joyería aparatosa, camionetas de lujo, cinturones piteados y la devoción a Jesús Malverde. De nuevo Astorga comenta que el narcotráfico es una forma de ver la vida en la que lo que se juega es la vida misma. Los valores propios de la narcocultura son el honor, la valentía, el respeto y el prestigio, y la lealtad al grupo (cuya traición se paga con la existencia).

Uno de los principales elementos de esta narcocultura es la ostentación para demostrar el valor: que uno vale y que se es valiente.

La realidad es que la cultura del narcotráfico se ha in-

[24] Los Tigres del Norte, "Morir matando (es la ley)".

[25] Los Dareyes de la Sierra, "Temible cuerno de chivo".

[26] Luis Astorga, "Los corridos de traficantes de drogas en México y Colombia", Instituto de Investigaciones Sociales-UNAM, conferencia presentada en la Asociación de Estudios Latinoamericanos, Guadalajara, México, abril de 1997.

tegrado al resto de los espacios y ámbitos de convivencia social. No solamente a través de las relaciones entre narcotraficantes y sus familias establecidas al acceder a los espacios en los que se desenvuelven los grupos de poder (como colonias de clase alta, escuelas, centros recreativos, etcétera), o a través de grandes sumas que les permiten poner de su lado a funcionarios, jueces, políticos, religiosos, periodistas, policías y militares, sino en el imaginario social, con la imagen que han construido de sí mismos, tanto la ficticia de los corridos, la del traficante-héroe,[27] como la de benefactores de sus comunidades de origen que construyen infraestructura y obras públicas y que proporcionan medios de subsistencia a los habitantes.

Diego Osorno, periodista y autor del libro *El Cártel de Sinaloa. Una historia del uso político del narco,* afirma que "la cultura del narco no es espontánea, sino una propaganda planificada con el fin de crear bases sociales y penetrar en las comunidades". Osorno considera que los jóvenes ven el narcotráfico como "la única alternativa para escapar de la miseria".[28]

[27] *Idem.*

[28] Diego Osorno, en entrevista con Mauricio González Lara, publicada en la revista *Deep,* México, abril de 2010.

CAPÍTULO V

Armas, masculinidad y violencia

Martín, un joven de 23 años, se hizo de una pistola cuando alguien, en medio de una balacera entre dos grupos en el barrio de Tepito, la dejó caer al momento de montarse a una motocicleta para emprender la huida. Martín no pudo resistir el impulso de recogerla. La guardó por tres años. Acostumbraba limpiarla, apuntar y contemplar su imagen en el espejo para ver cómo se veía con ella. Era una Pietro Beretta calibre .9 mm y tenía cuatro tiros útiles. En ocasiones sentía el impulso de dispararla, pero a fin de cuentas él no andaba en eso. Lo que sí hacía era llevarla a las fiestas, sujeta a la cintura. Entonces, afirma el joven, "te conviertes en otra persona con un arma al cinto. Tus amigos te ven y te ganas otro respeto".[1]

La violencia es definida como "el uso intencional de la fuerza física, de hecho o como amenaza, utilizado contra uno mismo, contra otra persona o en contra de algún grupo o comunidad, que resulta o puede resultar en heri-

[1] Benito Jiménez, "Con una al cinto, ganas respeto", *Reforma,* 14 de diciembre de 2009.

das, muerte, daño psicológico, trastornos del desarrollo o privaciones".[2]

En comparación con las mujeres y las niñas, la violencia física es mayoritariamente un asunto de hombres y de chicos. Muchos más hombres que mujeres están vinculados de alguna manera con ella: con frecuencia son agresores y víctimas, y muchos más hombres que mujeres se desenvuelven en contextos de violencia física.

La inmensa mayoría de los perpetradores de actos de violencia física y sexual son del género masculino. Aunque va en aumento la participación de las mujeres, aún son los varones una amplia mayoría de quienes delinquen. De las 375 939 personas vinculadas a una acusación penal en 2007, el 91 por ciento fueron hombres.[3] Y aunque entre 2004 y 2008 creció el índice delictivo de las mujeres en crímenes considerados como masculinos, como el narcotráfico y las violaciones a la Ley Federal de Armas de Fuego, el porcentaje es mucho menor en relación con el índice delictivo en los hombres.

Además de que son ellos quienes suelen tener mayor intervención en estos tipos de actos violentos y antisociales, también es superior su presencia en actividades legales y estructuradas para el mantenimiento del orden y del Estado que implican el ejercicio de la violencia, por ejemplo, en el ejército o en las fuerzas policiales.

[2] E. G. Krug *et al.* (eds.), *Informe mundial sobre la violencia y la salud*, Organización Mundial de la Salud, Ginebra, 2002.

[3] Centro de Estudios para el Adelanto de las Mujeres y la Equidad de Género, con datos del INEGI. Estadísticas Judiciales en Materia Penal 2007, "Diagnóstico sobre la incidencia de los delitos cometidos por las mujeres privadas de su libertad, procesadas y sentenciadas", Cámara de Diputados, LXI Legislatura, 2009-2012.

Todo esto implica que en las dos caras de la moneda, la legal y la ilegal, son los hombres quienes en su mayoría están más expuestos a la violencia y quienes tradicionalmente se consideran los proveedores de seguridad para sí mismos, para sus familias y para la comunidad, y que para llevar a cabo esta función casi siempre recurren al uso de la fuerza.

¿Qué es violencia?

La violencia tiene muchas causas. Asimismo se practica de muchas maneras: puede ser directa o indirecta; física, sexual, psicológica, cultural, estructural; por omisión o por negligencia. También, como la realidad suele demostrarlo, puede involucrar armas de cualquier tipo, pistolas y ametralladoras incluidas.

Para la Organización Mundial de la Salud, la violencia se divide en tres categorías: autoinfligida, interpersonal y colectiva.

La primera se refiere a la que una persona ejecuta contra sí misma, como el suicidio. La segunda se ejerce por otra persona o por un número pequeño de individuos, en la cual se presentan dos modalidades principales: la violencia de pareja y la violencia familiar, que se da entre integrantes de una familia o en parejas íntimas, y, finalmente la violencia colectiva, originada entre personas que no guardan parentesco y que pueden conocerse o no. En esta categoría se incluyen los asaltos y los delitos contra la propiedad.

La violencia colectiva es la que ocurre entre personas

que se asumen como integrantes de un grupo contra otro grupo o conjunto de personas, generalmente motivada por razones sociales, políticas o económicas; también puede ser ejercida por el mismo Estado o contra éste por organizaciones terroristas. En esta categoría se encuentran los conflictos armados, el genocidio, la represión, las violaciones de los derechos humanos, el terrorismo y el crimen organizado.

La violencia interpersonal cobra al año 520 000 vidas. Muchas más padecen los efectos de esa misma violencia sin consecuencias letales, por lo que acaban siendo víctimas más o menos invisibles, pero que finalmente la sufren y la reproducen en las sociedades en las que la padecen.

Con excepción de la violencia de pareja y familiar, o de la violencia sexual, donde las mujeres son las principales afectadas (aunque no se dirige exclusivamente hacia ellas), en otros tipos de violencia, como los homicidios y los suicidios, es notablemente mayor el porcentaje de víctimas del género masculino. El riesgo para los varones se incrementa sobre todo en los rangos de edad más productivos: fundamentalmente las víctimas de la violencia intencional y armada son hombres jóvenes de 15 a 44 años.

Éste es un hecho que tiende a ser minimizado e ignorado con frecuencia al presentarse información equivocada en los medios de comunicación, como que los niños y las mujeres son los más afectados por las armas de fuego. Pero por más mediática y vendedora que pueda resultar esta imagen para las audiencias, no cambia el hecho de que son los hombres los principales ejecutores de la violencia armada, pero también son, en una proporción mucho mayor, sus principales víctimas.

Suele considerarse que los hombres biológicamente presentan comportamientos más agresivos, potenciados en ciertas circunstancias por el incremento de la hormona masculina, la testosterona, para reaccionar a algo que es percibido como amenaza, como el estrés, la competencia o el peligro. Incluso, algunas investigaciones han señalado el triple riesgo de presentar conducta antisocial en los hombres en comparación con las mujeres por esta causa. Sin embargo, las conductas violentas varían tanto entre individuos, culturas y contextos, que no puede dársele una única explicación biológica.

En los hombres que se desenvuelven en contextos violentos existen diferencias significativas. En principio porque dicha violencia —por ejemplo, aquella en la están involucradas armas de fuego— puede ser justificada y legal, ejecutada por militares o policías en contra del crimen; pero también puede ser ilegal, como la de los delincuentes y los pandilleros. De la misma manera en que se maneja un arma en defensa propia, se utiliza como amenaza. Lo mismo mata una escopeta Fabbri de 100 000 dólares que una "hechiza". En ese sentido, la violencia no es exclusiva de un determinado grupo social, ni se refiere siempre al quebrantamiento de la ley; No obstante, existen ciertas situaciones comunes en el seno de un sistema social que estimulan, en diversas partes de su población, una forma de acción violenta que incrementa, en unos sectores específicos, los riesgos de sufrirla o de ejercerla.

De los factores estructurales y culturales comunes que han permitido la transgresión de normas fundamentales de convivencia social, la principal es la actual debilidad de las instituciones que tradicionalmente mantenían o debieran haber mantenido la seguridad y el cumplimiento de la ley y, finalmente, la cohesión social. Al desapego de los ciudadanos a las instituciones que no les dan nada y a leyes que no se cumplen, se suma la complicación y la burocracia de autoridades ineficaces, ya sea por corrupción, indiferencia o incapacidad, que desconocen sus responsabilidades y sus atribuciones, y que en no pocas ocasiones, cuando actúan, lo hacen sin coordinación y sin resultados. El ciudadano se siente indefenso.

La fragilidad del tejido social mexicano resultado de la inseguridad pública y de la violencia, pero sobre todo consecuencia de políticas sociales que dejaron a grandes bloques de la sociedad mexicana en la marginación social, sin acceso a los servicios básicos y a mecanismos de desarrollo y de producción, ha mermado la cohesión de la sociedad y proyecta a la violencia como la única forma viable de sobrevivencia: la sobrevivencia del más fuerte. Se cree que el que pasa por encima de los otros conseguirá una mejor posición social, al menos en el imaginario y en las formas de conducta reproducidas por la colectividad.

Frente a la ausencia de estructuras de protección social, de perspectivas de futuro para los jóvenes y de modelos de vida positivos, posibles y exitosos, otros grupos, como las pandillas, el narcotráfico y la delincuencia, han ganado los espacios sociales, dando pie a la escalada de violencia que padecen numerosas regiones del país.

Por ejemplo, el narcotráfico, aunque no es la única forma de violencia en México, quizá sea la más notoria, la más letal, y que sólo se explica como consecuencia de la violencia estructural. El narcotráfico ha permeado en amplios sectores de la sociedad mexicana y se ha infiltrado en la mayoría las instituciones mexicanas. La presencia activa en los cárteles de integrantes cada vez más jóvenes, así como las aspiraciones de una juventud a la que no le importa morir pronto, a condición de "vivir bien", demuestran que el narcotráfico se ha convertido en una opción para los muchachos que eligen una forma de vida en la ilegalidad y en la violencia, y que, al mismo tiempo, reproducen muchas otras formas de violencia social.

A este respecto, Luis Cárdenas Palomino, coordinador general de Inteligencia para la Prevención del Delito de la Policía Federal, atribuye la expansión de esta problemática a que las autoridades y la sociedad no han ofrecido a un amplio sector de los mexicanos oportunidades de empleo, sentido de identidad y pertenencia. "El narcotráfico les ha ofrecido trabajo y oportunidades y un sentido de identidad que la sociedad no les ha podido dar; les ha ofrecido una dignidad que nosotros, al bolero, a la gente, tampoco se la dimos; les ha ofrecido algo que es lo más delicado: la oportunidad de una revancha social que es verdaderamente algo grave", señaló el funcionario en el foro "Visión de la autoridad en el manejo periodístico de la noticia".

En su libro *Violence: Reflections on a National Epidemic*, el profesor James Gilligan, después de entrevistar a miles de hombres recluidos en prisión y en instituciones psiquiátricos, llegó a la conclusión de que la violencia surge de un sentimiento de profunda vergüenza y humillación. Para quien ejecuta actos violentos es el único medio a través del cual cree conseguir el respeto que necesita y que considera que merece. En la mente de los violentos no existen más soluciones pacíficas para satisfacer su necesidad de poder, ya que son incapaces de sentir amor, miedo o culpa.

Gilligan, uno de los teóricos actuales más reconocidos en el tema, subraya el hecho de que, como sociedad, tendemos a encontrar una explicación obvia y racional al uso de las armas, creyendo que el objetivo es obtener lo que el otro tiene, apoderarse del dinero, de lo material, o imponerse sobre el otro. No obstante, en sus entrevistas con los perpetradores encontró la búsqueda de respeto y dignidad como un elemento que se repetía con frecuencia: "Cuando te sientas a hablar con quienes repetidamente cometen ese tipo de delitos, lo que escuchas es: 'Nunca había tenido tanto respeto en mi vida como cuando le apunté a una persona con un arma' o 'No creerías cuánto respeto obtienes cuando apuntas a un tipo con una pistola'".

La violencia no es una condición intrínseca de los hombres, sino una conducta aprendida y estimulada por factores ambientales y culturales: a los hombres, desde niños, se les enseña que la violencia es un mecanismo para obtener lo que quieren o para enfrentar o resolver problemas; incluso a los niños se les enseña que la violencia es una forma de ser y de convertirse en hombres.

Dado que la mayoría de las personas que poseen un arma y dado que la mayoría de las victimas de la violencia armada son hombres, es necesario entender cuál es ese vínculo entre la posesión y el uso de las armas, y la percepción de lo que es lo masculino y lo deseable, así como conocer de qué manera se ha construido la identidad masculina preponderante en la actualidad, en la que se fomenta el uso de las armas que eleva el riesgo de morir de los varones jóvenes.

Cómo se crea la masculinidad y los valores que la construyen tiene que ver con la manera en que los padres se relacionan con sus hijos y con la forma como los niños aprenden a ser hombres viendo a los demás y, sobre todo, entendiendo como formas de conducta esperadas, deseadas y normales, los comportamientos más frecuentes y más respetados socialmente.

Armas y hombres

Para Henri Myrttinen, asesor en desarme e investigador del Instituto para la Transformación Social en Indonesia, las pistolas son un símbolo de estatus y una "herramienta para obtener ganancias económicas y sociales", incluyendo poder sobre otros, más vulnerables por su condición de "desarmados".

Las armas desempeñan un papel en la vida de los hombres desde que son niños: muchos de los juegos y las actividades para chicos van acompañados de espadas, pistolas o aparatos más sofisticados que hacen las veces de armamento, y que tienen como objetivo eliminar al oponente. Guerreros, soldados, policías, narcotraficantes;

los niños imitan en sus juegos los roles que ven en forma cotidiana. El 18 de abril de 2010 el diario *La Jornada* publicó un reportaje en el que se narra que en Ciudad Juárez "los niños instalan retenes, arman comandos de sicarios o militares y organizan *levantones*, pero también cobran cuotas para no agredir a los alumnos más pequeños, e, incluso, los más fuertes 'se alquilan como guaruras'".[4]

En estos roles negativos no sólo se les enseña a obtener ganancias y satisfacciones por medio de la violencia cuando son pequeños, sino que reafirman los papeles tradicionales de género, según los cuales los niños varones están obligados a no sentir ni demostrar miedo, a manifestar su poder sobre el más débil y persistir en el rol de "protectores" de su familia, y a que esta protección se traduzca en el uso de la fuerza y en el empleo de la violencia justificada.

Los roles de género son construidos socialmente de acuerdo con lo que se considera aceptable y deseable para cada uno de los sexos. Estos roles se aprenden como parte del proceso de socialización en el que estamos inmersos desde que nacemos y que incluirá unos valores y dejará fuera otros, que finalmente formarán parte de la identidad.

La masculinidad que se expresa violentamente se aprende desde el origen, en el seno de la familia, y muchos comportamientos se reafirman después como en "la

[4] Laura Poy Solano, "Niños de Ciudad Juárez reproducen en sus juegos el clima de violencia imperante", *La Jornada,* 18 de abril de 2010.

escuela que reproduce en cierta forma la estructura vertical jerárquica de la familia".[5]

En México se cumplen ampliamente los antecedentes para la reproducción de la violencia de origen: más de la mitad de los niños y las niñas mexicanos crece en un entorno de gritos y de violencia por parte de sus padres o de sus tutores.[6] Al menos 8 por ciento de los jefes de familia admiten haber golpeado a sus hijos debido a su frustración o a su impotencia ante los problemas económicos en el hogar,[7] en los casos en que aún prevalece algún tipo de estructura familiar. De acuerdo con la Red por los Derechos de la Infancia en México, la violencia que más comúnmente sufren los menores son los castigos físicos con fines disciplinarios, y otras formas de castigo cruel o degradante que reciben en el hogar, en la escuela y por la autoridad, que supuestamente debería protegerlos. Pero los menores en nuestro país están expuestos a muchos más peligros. De acuerdo con la Organización para la Cooperación y el Desarrollo Económicos, entre sus integrantes, México ocupa el primer lugar en violencia física, abuso sexual y homicidios de menores de 14 años. La Red por los Derechos de la Infancia en México denunciaba que se habían registrado 23 000 homicidios de niños y niñas de cero a 17 años tan sólo de 2006 a 2008.[8] Los mal-

[5] Mónica Zalaquett, directora del Centro de Prevención de la Violencia Nicaragua, en *The Weapons of Violence* (documental de Rodrigo Soto), Fundación Arias, Costa Rica, 2005.

[6] Encuesta Nacional sobre Dinámica Familiar (DIF/2005).

[7] Jorge Fernández Menéndez, "Los niños, los sicarios y la Revolución", *Excélsior*, 22 de noviembre de 2010.

[8] Red por los Derechos de la Infancia en México, *La violencia contra niños, niñas y adolescentes en México. Miradas Regionales*, México, 2010.

tratos y la violencia, además de otras condiciones de marginación social ya mencionadas, como la negligencia y la falta de atención de sus necesidades básicas, truncan la salud física y mental de los menores para el resto de su vida, así como el desarrollo de una forma saludable de socializar y canalizar sus emociones, pero sobre todo les hace creer que pueden obtener la justicia por su propia mano.

Por otra parte, en la cultura occidental, desde muy pequeños a los niños se les demanda que sean fuertes y se les tolera, cuando no se les incentiva, cierto grado de rudeza. Muy frecuentemente se les obliga a no llorar y a no expresar miedo; incluso, inconscientemente, muchas veces se espera que sean valientes ante cualquier circunstancia, aunque eso implique acoger la violencia como la única respuesta posible ante una amenaza real o imaginaria. Por otra parte, se les enseña a controlar sus emociones y a reprimir su sensibilidad, razón por la que subliminalmente se coloca a las mujeres en una posición inferior y de mayor vulnerabilidad a la de los hombres. Son ellos quienes tienen el poder y el control; por tanto, son responsables por los otros más débiles, que requieren de su protección. Para poder cumplir con su papel de proveedores y protectores que les exigen la sociedad y sus familias, muchos hombres se acercan a las armas y a la violencia.

En relación con la construcción de la masculinidad en México, el especialista en estudios de género y profesor de teoría social en la Universidad de Londres, Víctor Seidler, destaca que en nuestro país "la masculinidad tiene un significado particular, pues existen tradiciones particulares que asocian ser mexicano con ser hombre. La masculinidad tiende a reforzar cierta idea de superioridad con respecto a las mujeres, y a la vez cierta jactancia en el hecho de ser un macho".

Muestra clara de esta jactancia se puede escuchar en voz de Jorge Negrete, en la película *El Peñón de las Ánimas* de 1942: "Yo soy mexicano y a orgullo lo tengo / nací despreciando la vida y la muerte / y si echo bravatas, también las sostengo. / Me gusta el sombrero *echao* de *lao* / pistola que tenga cacha de *venao*".

Entre los hombres, andar armado, desde el siglo pasado, si bien puede ser un símbolo de estatus, también es parte de una normalidad en incontables regiones del país. En las fiestas de los pueblos y de los barrios vemos cómo se rescata la tradición del charro. Lo mismo sucede el 15 de septiembre o la víspera del año nuevo, cuando en las plazas y en las reuniones se dispara al aire. En nuestro país, la violencia de las armas se experimenta como fuente de poder y de sometimiento de los demás, y la adquisición de este "respeto" es lo que perpetúa su uso entre los mexicanos.

CONCLUSIONES

La violencia armada es una realidad en nuestro país que cada día cobra vidas. Los muertos no solamente están vinculados al narcotráfico o al crimen organizado, ni pertenecen siempre a las fuerzas de seguridad del Estado que participan en los enfrentamientos con los delincuentes. Tampoco son siempre daños colaterales de los enfrentamientos armados que ha tenido la escalada de violencia de los años recientes ligada al combate al narcotráfico. La perspectiva que liga la violencia armada al contexto del combate al crimen organizado no ha permitido observar lo cerca que están las armas de fuego del ciudadano común, por razones distintas a la inseguridad pública y a la delincuencia.

Todos los días, hombres y mujeres en México mueren y son heridos por armas de fuego en una violencia que está más ligada a la intolerancia y a un supuesto prestigio del que se considera el más fuerte. Una violencia que se hace más presente cuando se une a otras causas de violencia estructural, en las regiones del país con más altos grados de marginación y dificultades para el acceso a la educación, al trabajo, a la salud y a los medios que fomenten la integración del tejido social y familiar.

No obstante, las historias trágicas de muertos por armas de fuego atraviesan todas las clases sociales, las diversas condiciones de vida y las distintas regiones del país. Historias que se han vuelto tan normales, que poco a poco han ido ampliando los límites de la tolerancia a la violencia en México.

Entre las víctimas y sus agresores con frecuencia existe un lazo de parentesco; cuando no, una relación de amor. En numerosas historias hay un tejido común, forman parte de una comunidad, de un grupo, o son tan sólo personas de gustos similares que frecuentan el mismo lugar. Muchos son accidentes; bastantes son rencores antiguos y represalias. En no pocos casos, las causas que explican la muerte son absurdas. Muchas veces el desenlace, aunque previsible, es inesperado hasta para quien sostiene el arma.

La percepción de la inseguridad en las sociedades mexicanas ha incrementado la demanda legal e ilegal de armas de fuego. Entre quienes adquieren un arma para tenerla en sus hogares con fines de protección, legales e ilegales, existe un gran desconocimiento de la ley, además de poca información de los riesgos que significa guardar un arma en casa. En muchas ocasiones las personas adquieren un arma más como un símbolo de estatus, por el tipo y la marca, que por sus características físicas para su mejor uso. Además, pocas veces quienes poseen un arma reciben el entrenamiento constante que les permita almacenarla y utilizarla en defensa propia con éxito.

En la última década creció el número de armas de fuego en circulación en el país y la potencia de las mismas.

Esta proliferación fomenta la expansión de la violencia armada.

El tráfico de armas ocurre tanto en la frontera norte como en la frontera sur. El mercado negro de armas, si bien en gran medida se origina por la demanda de los cárteles del narcotráfico y de los grupos del crimen organizado, salta a la delincuencia común como pago por el narcomenudeo y por otras actividades, y de aquí a ciudadanos comunes que buscan en el mercado negro un arma para proteger sus hogares. Los límites entre el mercado legal e ilegal de las armas son poco claros. La corrupción de autoridades, funcionarios e integrantes de las fuerzas estatales del orden permiten la entrada ilegal de armas de fuego al país. Los mexicanos, en su mayoría, desconocen la Ley Federal de Armas de Fuego y Explosivos, por lo que recurren a mercados negros y grises para adquirir el arma que, en principio, tendrán en su domicilio para ejercer su derecho constitucional a la defensa propia.

La impunidad de la que gozan los delincuentes y el alto poder económico de los capos de la droga, aunado a la pobreza extrema y a la falta de oportunidades que por sistema enfrentan amplios sectores de la población mexicana, los ha convertido en héroes en el imaginario colectivo de muchos sectores desfavorecidos en varias regiones del país y en una opción de empleo y de identidad.

La violencia y las armas han estado presentes en la construcción de lo mexicano desde hace mucho tiempo, además de que han permanecido estrechamente vinculadas a la masculinidad, razón por la que en nuestro país, como en el resto de América Latina, son los hombres jóvenes a un tiempo las principales víctimas y los principales ejecutores de la violencia armada.

Detener la violencia armada es un propósito en el que convergen múltiples aspectos. Por un lado, la respuesta obvia de atención a los temas de seguridad nacional que deben incluir sistemas de seguridad de las fronteras para detener el tráfico ilícito de armas pequeñas y ligeras, así como la erradicación de la corrupción de funcionarios y autoridades para frenar la entrada masiva de armas de fuego a territorio mexicano.

Por otra parte, es necesario replantear la estrategia de combate al narcotráfico para que sea efectiva y que al mismo tiempo proteja los derechos humanos de los ciudadanos. Pero sin duda lo más importante e impostergable es la creación de políticas públicas y programas de desarrollo que integren a los sectores de la población que han quedado marginados, para los que la violencia aparenta ser la única vía de representación y visibilidad social. Finalmente, para paliar la violencia personal se requiere una transformación en la conciencia colectiva de la sociedad mexicana a fin de construir una identidad masculina libre de violencia, que comprenda que las armas de fuego no son el medio de resolver los conflictos de convivencia, ni el instrumento para ser "alguien", ni la herramienta para mantener la paz.

EPÍLOGO

El tema de las armas de fuego convencionales y su proliferación en la sociedad mexicana es sin duda muy relevante para explicar buena parte de los problemas de seguridad por los que atraviesa el país. La presencia de armas de todo tipo y calibre y la facilidad con que éstas se adquieren ha sido una explicación recurrente sobre el incremento en la violencia asociada al narcotráfico en los últimos años. Se dice frecuentemente, y con razón, que la facilidad con la que se pueden comprar en algunos estados de la Unión Americana armas de alto poder ha contribuido de manera importante al crecimiento de la violencia desarrollada por las bandas del crimen organizado que operan en México. De hecho, éste ha sido un reclamo constante de los gobiernos mexicanos a la Casa Blanca, sobre todo a partir de que se levantaron las restricciones para adquirir armas de grueso calibre en Estados Unidos en el año 2004. Sin embargo, el problema de la presencia masiva de armas de fuego en México y su impacto en la violencia en nuestro país no es nuevo. Como lo muestra con claridad el libro de Magda Coss, forma parte de una cultura muy arraigada que se remonta al menos al siglo XIX y que está vinculada a otras herencias culturales lamentables como el machismo. Finalmente, la posesión de un arma sirve para suplir carencias psicológicas y dar la sensación de seguridad a una población que históricamente se ha sentido vulnerable frente a los demás, en buena medida porque el Estado ha sido incapaz de brindar la protección que se supone debe dar. En este sentido, la debilidad institucional es causa de la propensión del mexicano a poseer, atesorar, exhibir y presumir un arma y es, al mismo tiempo, la causa de que los controles que supuestamente existen sobre el acceso a las armas simplemente no funcionen.

Lo que revela el libro de Coss es que si bien los controles legales en Estados Unidos que prohíben exportar armas de alto calibre a otros países no son eficientes, el problema del lado mexicano no es menor. En efecto, no sólo las armas se adquieren con mucha facilidad en territorio estadounidense, de manera muy marcada en las famosas ferias de armas que se instalan en algunos estados fronterizos con México, sino que los controles en México para evitar la entrada a territorio mexicano son absolutamente inoperantes. Los datos que proporciona la autora del libro son contundentes al respecto: de los 230 000 vehículos que cruzan diariamente la frontera provenientes de Estados Unidos hacia México, sólo 10% es inspeccionado. Al mismo tiempo, sólo 10% de los cargamentos y 5% de los pasajeros que cruzan la frontera son revisados. Adicionalmente está el problema de la corrupción. Según Magda Coss, pasar sin revisión un tráiler con una caja de 53 pies, que puede cargar 26 toneladas de armas o de cualquier otra mercancía cuesta 60 000 dólares. Si la carga en cuestión es de rifles AK-47, cuyo precio en el mercado negro en el centro del país es de mil dólares por unidad, es obvio que éste es un negocio redituable que permite la importación masiva de armas de alto poder a México. También habría que mencionar que las armas ingresan a territorio mexicano por la frontera con Guatemala y Belice y por mar. Sobra decir que estos ingresos también se facilitan por la falta de controles en la frontera sur mexicana y, desde luego, por la corrupción.

La corrupción en las instituciones mexicanas es así un elemento clave para explicar la proliferación de armas de fuego. Ésta se presenta no sólo en el proceso de ingreso de las armas a territorio mexicano sino también en los decomisos de armamento, en los que "se pierde" un número indeterminado de armas, las cuales acaban en manos de algunos cuerpos policiacos, la mayoría municipales, según la autora. Además de las armas perdidas, algunas de las cuales probablemente terminan siendo vendidas en el mercado ilegal, también se presenta el fenómeno del robo de armamento a las secretarías de seguridad pública de los estados y procuradurías locales, las cuales fueron 6932 según la Secretaría de la Defensa Nacional en el periodo 2000 al 2008.

Ciertamente la violencia que se presenta en el país vinculada a la proliferación de armas de fuego no está limitada al narcotráfico y al crimen organizado. Sin embargo, la mayoría de las armas se utilizan para la comisión de delitos. De acuerdo con la autora del libro, 65% de las armas que hay en el Distrito Federal se utilizan para actividades delictivas, no necesariamente a gran escala, y 35%

para protección personal. De hecho, la adquisición de armas se justifica en muchos casos por razones de protección. Según testimonios periodísticos que cita la autora, las armas se adquieren "para protegernos en caso de que nos quieran asaltar" o como "una forma de defender a los hijos", aunque muchas de éstas acaban siendo los instrumentos de muertes vinculadas a rencillas personales o accidentes. En este sentido, la seguridad que buscan proveer es ilusoria, en parte porque la mayor parte de la población tampoco posee un entrenamiento básico de cómo utilizar un arma. Incluso, muchas de las muertes con armas son accidentales, provocadas por un arma que se encuentra en los hogares, con el propósito inicial de proteger a la familia, pero que acaba originando episodios fatales. Al respecto llama la atención el hecho de que según encuestas, 15% de los adultos poseen armas de fuego en sus hogares.

La proliferación de armas de fuego y el uso de la violencia tienen también sus raíces en la estructura socioeconómica y en las desigualdades sociales. Un ejemplo evidente de ello es el desarrollo de las pandillas, las cuales se convierten en un sustituto de las redes familiares de las cuales muchos niños y jóvenes están desprovistos. Las cifras en este sentido son muy preocupantes y contribuyen sin duda a explicar el papel que las armas y la violencia desempeñan en la sociedad mexicana. De los tres millones 700 mil estudiantes que asisten a las escuelas preparatorias en el país, 481 000 son integrantes de alguna pandilla, de acuerdo con la información de la Secretaría de Educación Pública que presenta Coss. Así, muchos jóvenes se familiarizan con las armas desde edades tempranas, ya sea mediante su pertenencia a pandillas o a través de contacto con miembros de las mismas o por tener un arma en el hogar. Es de notar que según datos de una encuesta, 55% de los alumnos de preparatoria afirman que alguno de sus compañeros ha llevado un arma a la escuela alguna vez.

Como se puede apreciar, el problema de la venta, adquisición, posesión y uso de armas de fuego es de una gran magnitud en México. Es cierto que las armas no se disparan solas, pero es muy fácil dispararlas, sobre todo cuando no se tiene la preparación adecuada para usarlas y cuando los ánimos están exacerbados. También facilitan la comisión de delitos. Como muestra con claridad el libro de Magda Coss, su adquisición es relativamente fácil y su costo no es inalcanzable, incluso para los sectores de bajos ingresos económicos. No obstante, su control no es sencillo en buena medida porque el Estado mexicano no posee la capacidad institucional de hacerlo. Evidentemente, las condiciones sociales y las herencias culturales propician el uso cotidiano de las armas de fuego. La solución ciertamente no es sencilla aunque se podría pensar en tres grandes líneas sobre las cuales el Estado y la sociedad mexicana deben trabajar en el futuro. Por un lado, es obvio que el Estado necesita reforzar sus capacidades institucionales para aplicar la ley en general, incluidas las leyes de control y registro de armas. Para ello, es importante la colaboración internacional para el rastreo de las armas y una política de cero tolerancia contra la corrupción. Las debilidades institucionales del Estado mexicano están fuertemente vinculadas a la corrupción y a la impunidad en la aplicación de la ley. Y éste es obviamente un problema que va más allá del tema de las armas. La segunda línea sobre la que hay que trabajar en el largo plazo tiene que ver con la desigualdad social. Aunque suene obvio decirlo, la persistencia de un gran porcentaje de la población viviendo en condiciones de pobreza es campo fértil para todo tipo de actividades ilegales y para la búsqueda de un mejoramiento económico y de la seguridad personal por cualquier medio. Es cierto que la desigualdad económica no es el único factor que incide en la criminalidad y la violencia, pero es uno de los ingredientes necesarios. Por último, tanto Estado como sociedad deben trabajar en el aspecto de la cultura. El libro de Magda Coss es muy rico en ilustrar el arraigo de la cultura de la violencia y las armas en las tradiciones mexicanas. Esta cultura está presente en el cine, en la literatura —habría que añadir que también lo está en los videojuegos y la televisión— y, desde luego, en la vida cotidiana de millones de mexicanos. La proliferación de la violencia y el uso de las armas están directamente ligados a una sensación de vulnerabilidad e inferioridad que se refleja en expresiones machistas. En este sentido, no es casual que en nueve de cada diez casos de muertes por armas, las víctimas sean hombres. La masculinidad está asociada culturalmente con la violencia y el uso de las armas. En este aspecto, hay mucho que hacer. Es necesario generar una contracultura de la paz que valore la preservación de la vida y no la promoción de la muerte y el dolor. Para ello, los medios masivos de comunicación y diversión de los niños y jóvenes son fundamentales.

Incluso, se puede pensar en diseñar juegos de video que premien las vidas salvadas y no las muertes causadas. En este esfuerzo, es fundamental fortalecer la cultura de la legalidad y el respeto a los derechos humanos. Si la cultura predominante sigue exaltando la muerte y la violencia como elementos positivos, seguiremos teniendo muerte y violencia reproducidas en la sociedad mexicana.

Sin duda la realidad que vive el país es preocupante. La manera en que las armas y la violencia han pasado a formar parte de nuestra cotidianeidad está quebrando cualquier posibilidad de una convivencia civilizada. Para enfrentar este problema, lo primero que hay que hacer es conocerlo. En esta perspectiva, el libro de Magda Coss constituye un estudio que abre brecha en un tema que no se ha abordado de manera suficiente y que urge resolver si queremos que el conjunto de actividades que constituyen la esencia de la vida puedan seguir su curso en nuestro país.

JORGE CHABAT

BIBLIOGRAFÍA Y HEMEROGRAFÍA

"Detienen a líder de célula de los Zetas en Puerto Vallarta", *Milenio Diario,* 10 de enero de 2010.

"El tráfico de armas y municiones en México", Centro Nacional de Planeación, Análisis e Información para el Combate a la Delincuencia, PGR, México, 2007.

"Embosca y asesina a su añejo enemigo", *El Siglo de Durango,* 8 de enero de 2007.

"Engancha la mafia a 43 mil niños, revela ONG", *La Crónica de Hoy,* 8 de junio de 2010.

"Guerra antinarco suma 22700 asesinatos", *El Universal,* 14 de abril de 2010.

"La oferta de arsenal, al alcance de cualquiera", *El Universal,* 4 de mayo de 2010.

"Llevan 'los Zetas' armas a Tepito", *Reforma,* 23 de noviembre de 2009.

"Rentan armas para matar", *El Universal,* 4 de mayo de 2010.

"Trafican 2 mil armas a diario en México: diputados", *El Universal,* 26 de octubre de 2008.

Aguayo, Sergio, *La Charola. Una historia de los servicios de inteligencia en México.* Grijalbo-Raya en el Agua, México, 2001.

Alvarado Álvarez, Ignacio, "AK-47, el asesino global", *El Universal,* 5 de marzo de 2009.

Arango Durán, Arturo, "Muertes de menores por homicidio y accidente mediante la utilización de armas de fuego", Instituto Ciudadano de Estudios sobre la Inseguridad, [con base en información del Instituto Nacional de Estadística, Geografía e Informática, presentada en el Foro Armas Pequeñas y Ligeras], enero 2007.

Arroyo Juárez, Mario, "Mortalidad por homicidios en México", *Cuadernos del ICESI 6*, ICESI.

Astorga, Luis, "Los corridos de traficantes de drogas en México y Colombia", Instituto de Investigaciones Sociales-UNAM, conferencia presentada en la Asociación de Estudios Latinoamericanos, Guadalajara, México, abril de 1997.

Beauvoir, Simone de, *Una muerte muy dulce,* Sudamericana, Buenos Aires, 1965.

Bolaños, Claudia, "Reportan aumento de violencia cerca de las escuelas", *El Universal*, de noviembre de 2008.

Buscaglia, Edgardo [asesor de la Convención de las Naciones Unidas contra el crimen organizado], "Ausencia de Estado en 982 zonas del país", *El Universal*, 27 de junio de 2010.

Buñuel, Luis, *Mi último suspiro. Memorias*, Random House Mondadori, 1982.

Garduño, Silvia, "Facilita frontera sur la trata de personas", *Reforma,* 27 de febrero de 2009.

Castro, Marco Tulio, "Policías con armas decomisadas", *Reportajez, Zeta,* núm. 1723, Tijuana, Baja California, abril de 2007.

Castro, Salvador, "'Vuelve locos' a los juarenses la violencia del narcotráfico", en Nortedigital.mx, 21 de noviembre de 2010: http://www.nortedigital.mx/noticias/local/16873/.

Centro de Estudios para el Adelanto de las Mujeres y la Equidad de Género, con datos del INEGI, Estadísticas Judiciales en Materia Penal 2007, "Diagnóstico sobre la incidencia de los delitos cometidos por las mujeres privadas de su libertad, procesadas y sentenciadas", Cámara de Diputados, LXI Legislatura, 2009-2012.

Centro Nacional de Inteligencia de Drogas del Departamento de Justicia de Estados Unidos.

Cereser, L., y C. Orantes, "Se incrementa el tráfico de armas hacia Guatemala", *Prensa Libre de Guatemala*, 23 de febrero de 2009.

Colón de Larriatégui, Félix, *Jugados militares de España y sus Indias,* t. I, Madrid, 1817.

Cukier, W., y V. Sidel, *The Global Gun Epidemic: From Saturday Night Specials to AK-47s* Praeger Security International, EUA, 2006.

Diario de los Debates de la Cámara de Diputados del Congreso de los Estados Unidos Mexicanos, XLVIII Legislatura, t. II, año II, núm. 43, periodo ordinario de sesiones, México, 29 de diciembre de 1971.

El Heraldo, núm. 167, Morelia, Michoacán, 2 de octubre de 1913, citado en Rita María Hernández Hernández, "Movimientos rebeldes michoacanos durante la Revolución (1915-1919): los casos de Jesús Sintora, José Altamirano e Inés Chávez García", Universidad Michoacana de San Nicolás de Hidalgo.

Encuesta de Seguridad Nacional, 3 de noviembre de 2008, Colectivo de Análisis de la Seguridad con Democracia, Encuesta SIMO, Sistemas de Inteligencia en Mercado y Opinión.

Evaluación Nacional de Amenazas de Drogas, 2010.

Fernández Menéndez, Jorge, "Los niños, los sicarios y la Revolución", *Excélsior,* 22 de noviembre de 2010.

Fleitas, Diego, *El tráfico de armas en Latinoamérica: características y problemas de las exportaciones e importaciones de armas y municiones entre 1994 y 2006.* Asociación para Políticas Públicas, Buenos Aires, 2008.

Fuentes, Mario Luis, "Jóvenes delincuentes: tendencias a la alza", *Excélsior,* 23 de febrero de 2010.

Gobierno Federal (PGR, Sedena; SSP; Segob, Semar), *Tráfico de armas México-EUA,* noviembre de 2008.

González, Aurelio "El caballo y la pistola: motivos en el corrido", *Revista de Literaturas Populares,* núm. 1, año 1, enero-junio 2001.

González, Carlos Hugo, "El ejército busca armas en casas; inicia en Echeveste", *Milenio Diario,* 14 de marzo de 2010.

Guerrero Jalomo, José, "Posible tráfico de armas en el ejército", *Forum,* núm. 188, mayo de 2009.

Hernández, Lilian, "Ven en los bachilleres propensión a delinquir", *Excélsior,* 20 de febrero de 2009.

Jiménez, Benito, "Con una al cinto, ganas respeto", *Reforma,* 14 de diciembre de 2009.

Instituto Internacional de Investigación para la Paz de Estocolmo (SIPRI), *Reporte de SIPRI sobre Transferencia Internacional de Armas,* Estocolmo, marzo de 2010, www.sipri.org.

Kellermann A. L., "Protection or Peril? An Analysis of Firearm-related Deaths in the Home", *New England Journal of Medicine*, 1986.

Krug, E. G., *et al.* (eds.), *Informe mundial sobre la violencia y la salud,* Organización Mundial de la Salud, Ginebra, 2002.

Lumpe, Lora, *Tráfico de armas: el mercado negro mundial de armas ligeras,* Zed Books, Reino Unido, 2000. Versión en español: Intermon Oxfam, España, febrero de 2004.

Medellín, Jorge Alejandro, "Ha decomisado SDN casi medio millón de armas", *El Universal,* 23 de agosto de 2005.

———, "Los Árabes y el tráfico de armas. De Playa Bagdad a Frontera Hidalgo", *Milenio Semanal,* núm. 628, 1° de noviembre de 2009.

———, "Operación Casiopea... Tráfico de armas y...", *Eje Central,* 17 de noviembre de 2009, http://columnas.ejecentral.com.mx/deordensuperior/2009/11/17/operacion-casiopea...trafico-de-armas-y-.../.

Montes, Rodolfo, "Crece 78% número de homicidios en México", *Milenio Diario,* 9 de agosto de 2009.

Myrttinen, Henri, "Disarming Masculinities", en *Disarmament Forum Women, Men, Peace and Security,* núm. 4, 2003.

National Research Council, *Firearms and Violence: A Critical Review*, The National Academies Press, Washington, D. C., Estados Unidos, 2004.

Neruda, Pablo, *Confieso que he vivido. Memorias,* 6ª ed., Seix Barral, 1976.

Ojeda Revah, Mario, *México y la guerra civil española*, Turner, Madrid, 2004, p. 128.

Otero Silvia, "EU: cárteles lavan hasta 29 mmdd", *El Universal,* 3 de junio de 2010.

Osorno, Diego, en entrevista con Mauricio González Lara, publicada en *Deep,* México abril de 2010.

Peña, Guido "Sedena pierde el control en el registro de armas", *Milenio Diario,* 10 de enero de 2010.

Pézard, Stéphanie, y Holger Anders, *Small Arms Survey*, Ginebra, 2006.

Poy Solano, Laura, "Niños de Ciudad Juárez reproducen en sus juegos el clima de violencia imperante", *La Jornada,* 18 de abril de 2010.

Procuraduría General de la República, "Indicadores de gestión en contra de la delincuencia organizada", 1° de diciembre de 2006 al 13 de noviembre de 2009.

Red por los Derechos de la Infancia en México, *La infancia cuenta en México,* México, 2009.

Rivera, Ricardo, "Gasta IP 18% en seguridad", *Reforma,* 27 de febrero de 2010.

Román Celis, Carlos, *El pistolerismo, flagelo nacional*, Sociedad Mexicana de Geografía y Estadística, México, 1965.

Sánchez, Julián, "México encabeza violencia contra menores: OCDE", *El Universal*, 19 de noviembre de 2010.

Sánchez, Verónica, "'Atan' armas a hogares", *Reforma,* 22 de febrero de 2009.

Secretaría de Seguridad Pública e Ignacio Alvarado Álvarez, "AK-47, el asesino global", *El Universal,* de 5 de marzo de 2009.

Secretariado de la Declaración de Ginebra, *La carga global de la violencia armada*, Ginebra, Suiza, 2008.

Sierra, Arturo "Prefieren delincuentes las armas 9 milímetros", *Reforma,* 23 de marzo de 2004.

Small Arms Survey 2009, *Shadows of War,* Ginebra, Suiza, 2009.

The National Violent Injury Statistics System, *Youth Suicide: Findings from a Pilot for the National Violent Death Reporting System,* Harvard Injury Control Research Center: Harvard School of Public Health, Boston, 2009. http://www.sprc.org/library/YouthSuicideFactSheet.pdf.

Valadez, Diego, *La Constitución reformada,* UNAM, México, 1987.

Vázquez Rossainz, Eduardo, del Centro de Emergencia y Respuesta Inmediata (CERI) de la Secretaría de Seguridad Publica y Tránsito Municipal, septiembre de 2009, citado por Érika Rivera Almazán, "Armas de fuego, la peor amenaza pública", *Milenio Diario,* 11 de septiembre de 2009.

Tráfico de armas, de Magda Coss Nogueda
se terminó de imprimir en abril del 2011
en Litográfica Ingramex, S.A. de C.V.,
Centeno 162-1, Col. Granjas Esmeralda,
México, D.F., C.P. 09810